Bettina Theißen

Selbstvertrauen
entwickeln

Starke Spiele für starke Kita-Kinder

Verlag an der Ruhr

Impressum

Titel
Selbstvertrauen entwickeln
Starke Spiele für starke Kita-Kinder

Autorin
Bettina Theißen

Titelbildmotiv
Petra Lefin

Umschlaggestaltung
Christian Weißenborn

Innengestaltung
Markus Schmitz

Verlag an der Ruhr
Mülheim an der Ruhr
www.verlagruhr.de

Unser Beitrag zum Umweltschutz
Wir sind seit 2008 ein ÖKOPROFIT®-Betrieb und setzen uns damit aktiv für den Umweltschutz ein. Das ÖKOPROFIT®-Projekt unterstützt Betriebe dabei, die Umwelt durch nachhaltiges Wirtschaften zu entlasten. Unsere Produkte sind grundsätzlich auf chlorfrei gebleichtes und nach Umweltschutzstandards zertifiziertes Papier gedruckt.

Urheberrechtlicher Hinweis
Das Werk und seine Teile sind urheberrechtlich geschützt. Jede Verwendung in anderen als den gesetzlich zugelassenen Fällen bedarf der vorherigen schriftlichen Einwilligung des Verlages. **Bitte beachten Sie die Informationen unter schulbuchkopie.de.**
Der Verlag untersagt ausdrücklich das Herstellen von digitalen Kopien, das digitale Speichern und Zurverfügungstellen dieser Materialien in Netzwerken (das gilt auch für Intranets von Schulen und sonstigen Bildungseinrichtungen), per E-Mail, Internet oder sonstigen elektronischen Medien.
Kein Verleih. Keine gewerbliche Nutzung.
Zuwiderhandlungen werden zivil- und strafrechtlich verfolgt.

© Verlag an der Ruhr 2012
ISBN 978-3-8346-0932-8

Printed in Germany

Inhaltsverzeichnis

Rein ins Lesevergnügen!	5
Heute im Angebot: Selbstvertrauen spielend fördern!	7
Checkliste: Selbstvertrauen	8
So werden Kinder zu Gewinnern!	10
Ich habe es dir ja gleich gesagt!	11
Ein Standardwerk der Kindererziehung	13
Auf die Plätze, fertig, los!	15
Wenn es dich nicht gäbe, müsste man dich erfinden!	17
Das Leben ist schön!	18
Wir reiten in den herrlichen Tag!	18
Zicke-Zacke, ich bin da!	19
So bin ich!	21
Hip-hop, lächeln!	22
Der Riese holt sich gute Laune	23
Du bist ein unbezahlbares Einzelstück	26
Achtung, Räuber!	26
Sind alle Äpfel gleich?	27
Das Kni-Kna-Knaller-Kind	28
Die Schatzjäger	29
Wir finden dich Super-Prima-Spitzenklasse!	30
Begrüßungs-Karussell	30
Wenn du nicht da bist, fehlt uns was!	31
Die Wochensonne	32
Extra–Tipp für Sie: Mit Lebensfreude durch den Tag	34
Drei Zauberworte: Zuversicht, Ausdauer, Mut!	35
Mit beiden Beinen auf dem Boden	36
Herr Bumm – wirft um	36
Der Baum	37
Aus allen Ecken	38
Mausefalle	39
Popo klopfen	39
Mein Handtuch	40
Daumenjudo	40
Beinehakeln	41
Auf die Dauer hilft nur Power!	42
Streithähne	42
Murmel-Kampf	43
Hau ab! – Nein!	44
Mama, bleib da!	44
Schlange fangen	45
Wir kriegen dich!	46
Atem-Pause – Kraftquelle Atem	47
Der lange Atem	47
Kraft atmen	48
Der ängstliche Hase wird stark	49
Extra-Tipp für Sie: Das Vertrauen auf die eigene Kraft	52
Manege frei – der Gefühlszirkus kommt	53
Nenn' deine Gefühle beim Namen!	54
Vorhang auf, Vorhang zu!	54
Was bin ich?	55
Jeder tanzt mal aus der Reihe	55
Die stille Gefühlspost!	57
Mein Gefühl und dein Gefühl – zusammen macht es Spaß!	58
Autoscooter	58
Schüttelbär	59
Der blinde Wäscheklammer-Mann	60
Schattenlaufen	61

Sei mutig, zeig' deine Angst!	62
Angsthase – Pfeffernase	63
Paul hat Angst	65
Siebeneinhalb Affen	68
Extra-Tipp für Sie: So bleiben Sie auf dem Teppich	70

Hoppla, jetzt komm' ich!   71

Bühne frei!	72
Der helle Stern und die graue Maus	72
Die Hexe „Blöderwitz"	74
Augen-Blicke	75
Die Prinzessin und der Held	75
Hauptrollen zu vergeben	76
Ja! Nein! Vielleicht?	78
Was magst du?	78
Das gefällt mir – das gefällt mir nicht!	79
Deine Geschichte ist es wert, gehört zu werden	80
Trau dich – auch wenn's mal daneben geht	81
Hau sie um!	81
Öfter mal was Neues	82
Trau dich!	83
Extra-Tipp für Sie: Ruhe bewahren im Rampenlicht	84

Du bist ein schlau-schlauer-Schlauberger!   85

Lernvergnügen ohne Ende	86
Mama ist ein Schussel!	86
Das kann ich schon! Das will ich lernen!	88
Der Lernberg	89
Zeig uns, was du kannst!	90
Wer kann was?	90
Schlauberger trauen sich was zu!	91
Die Schlaubergerbande	92
Das Schlauberger-Lied	93
Schlauberger-Herausforderungen	94
Schlauberger-Spiel: Buchstabendetektive	94
Schlauberger-Projekt: Der Zeitungsladen	95
Der fliegende Glücks-Teppich	96
Schlauberger-Theater: Wer kommt denn da?	97
Extra-Tipp für Sie: So halten Sie Ihr Gehirn in Schwung!	98

Für dich soll's Gummibärchen regnen!   99

Jeden Tag eine gute Tat!	100
Bodyguard	100
Schutzengel	101
Den Zwerg beschützen	101
Die gemeine Schneekönigin	102
Ein Freund, ein guter Freund	103
Wir halten zusammen	103
Immer lauter, immer lauter …	104
Hilf mir, Kumpel!	104
Gnom-Jäger!	105
Was mache ich, wenn …?	106
Liebe ist nicht nur ein Wort	107
Ich mag dich so!	107
Für dich soll's Gummibärchen regnen	108
Daumendrücker	109
Du bist nie allein!	110
Extra-Tipp für Sie: Helfen – immer – im Rahmen der eigenen Möglichkeiten	112

Sonderservice: Der Elternabend zum Thema   113

Die letzte Seite   118

Medientipps   119

Rein ins Lesevergnügen!

Sie blättern dieses Buch durch, das freut mich. Bevor Sie sich ins Lesevergnügen hineinstürzen, nehmen Sie sich bitte einen Moment Zeit, und lassen Sie den folgenden Satz auf sich wirken:

„Lass dich nicht unterkriegen, sei frech und wild und wunderbar!"
Astrid Lindgren

Ist das ein Motto? Was für eine Ermutigung für Kinder und Erwachsene, den persönlichen, unverwechselbaren Weg zu gehen!

Sicher kennen Sie das auch, diese große Freude, wenn ein Kind sich überraschend etwas zutraut. In diesem Buch habe ich für Sie Spiele und Rituale zusammengestellt, die den Kindern die Möglichkeit geben, zu erleben, was sie sich zutrauen können. Die Kinder machen so auf ganz unterschiedliche Arten gute Erfahrungen mit sich selbst, sie bekommen Rückmeldung auf sich, spüren, dass andere ihnen etwas zutrauen, und erleben, dass Fehler und Niederlagen notwendige Begleiter beim Lernen sind. Die nachfolgenden Ideen sind allesamt praktisch erprobt. Sie brauchen in der Regel keine Vorbereitungszeit und erfordern kaum Material.

Haben Sie auch Spaß an dem Mut, der Unbekümmertheit und Ausgelassenheit, mit der sich Kinder auf Neuland begeben? Dann wird Ihnen dieses Buch Freude machen. Beim Recherchieren und Ausprobieren in verschiedenen Kitas hatte ich viel zu lachen! Bei allem Spaß im bunten Kindergartenalltag ist mir allerdings auch eines deutlich geworden: Selbstvertrauen ist die Eintrittskarte in ein abwechslungsreiches, interessantes Leben. Je weniger wir uns zutrauen, desto weniger erleben wir positiv und selbstbestimmt.

Sicher, heutzutage kann man fast alles kaufen: Schönheit, Beweglichkeit, Geschwindigkeit, Informationen, Positionen, gesellschaftliches Ansehen. Selbstvertrauen aber ist einer der großen, nicht käuflichen Schätze in unserem Leben. Es ermöglicht uns zum Beispiel, einen guten Job zu machen, lebenslang mit Vergnügen dazuzulernen, sich auf Neuland zu wagen, Abenteuer zu bestehen, Niederlagen zu verkraften, mit Zuversicht

Lösungen zu suchen und zu finden und sowohl privat als auch beruflich Verbindungen mit anderen Menschen einzugehen.

„Tja, doch woher nehmen, wenn nicht stehlen?", fragen Sie sich jetzt vielleicht. Aber darauf gibt es zum Glück eine Antwort:

Sich selbst zu vertrauen ist erlernbar!

Ganz gleich, ob für uns Erwachsene oder für Kinder, für die Vertiefung von Selbstvertrauen gilt immer dasselbe Programm: Ärmel hochkrempeln, Herausforderungen annehmen, positive Erfahrungen mit sich machen, hinfallen, merken, dass man wieder hoch kommt, weiterlaufen, Hürden überspringen und sich auch mal auf die Schulter klopfen, weil man so mutig und tapfer ist.

Und was bedeutet das für unsere Arbeit mit den Kindern? Gerade am Anfang ihres Weges setzen Kinder viel Vertrauen in uns Erwachsene. Aber irgendwann werden sie ohne uns unterwegs sein. Helfen wir ihnen also, so stark zu werden, dass sie in ihrem zukünftigen Leben immer jemanden dabei haben, dem sie vertrauen können – nämlich sich selbst!

In diesem Sinn grüße ich Sie herzlich!

Bettina Theißen

Heute im Angebot: Selbstvertrauen spielend fördern!

„Das Spiel ist die höchste Form der Forschung."
Albert Einstein

Hand aufs Herz! Sind Sie in Versuchung, gleich zu den Spielen weiter zu blättern? Das kann ich gut verstehen. Nur einen kleinen Moment noch! Zu gerne möchte ich vorher Ihre Aufmerksamkeit auf eine klassische Elternfrage im Kita-Alltag lenken: „Wieso spielen die dauernd? Die sollen mal lieber mehr lernen!" Warum ist Spielen beim Thema „Selbstvertrauen entwickeln" so besonders wichtig? Weil Selbstvertrauen eine Erfahrungssache ist. Und spielend können Kinder unbeschwert Erfahrungen machen, die für sie im realen Leben so (noch) nicht möglich sind.

Aus der Praxis

Nehmen wir den 4-jährigen Jonas. Als jüngstes von vier Kindern hat er bei seinen Geschwistern nicht viel zu melden. Im Kindergarten aber ist er der Piratenboss. Begeistert steuert er das Schiff, und seine Mannschaft folgt, ohne zu meutern, seinen Anweisungen. Jonas probiert sich in einer Führungsrolle aus und macht die neue, stärkende Erfahrung, dass er mit seiner Fantasie und Begeisterung andere Kinder mitziehen kann.

Sie hätten gerne mehr Hintergrundwissen für den Kita-Alltag? Das finden Sie in den folgenden Kapiteln:

1. Checkliste: Selbstvertrauen
2. So werden Kinder zu Gewinnern
3. Ich habe es dir ja gleich gesagt!
4. Ein Standardwerk der Kindererziehung
5. Auf die Plätze, fertig, los!

Checkliste: Selbstvertrauen

In der Kita begleiten wir Kinder auf dem ersten Stück ihres Lebensweges. Dabei helfen wir ihnen unter anderem dabei, ihren inneren Kompass zu entwickeln, und dazu gehört etwas, das sie ein Leben lang leitet: das Selbstvertrauen.

Indem sie sich im „Alltagsgeschäft" erproben, Kräfte messen, ihre Vorlieben und Fähigkeiten entdecken und sich in anderen spiegeln, lernen Kinder sich selbst kennen und vertrauen. Eine wichtige Fähigkeit, die sie für das Leben stark macht.

Nun ist uns das Selbstvertrauen aber nicht per se in die Wiege gelegt. Wenn Sie einmal an Ihre Kindergartengruppe denken, kommt Ihnen das bekannt vor?

- Sonja traut sich nicht, „piep" zu sagen.
- Selcuk fühlt sich nur sicher, wenn er der „Bestimmer" ist.
- Markus denkt, er wird nur gehört, wenn er brüllt.
- Marie ist unbeirrbar der Meinung, dass sie alles weiß und kann.
- Hatice vergleicht sich dauernd mit anderen, die alles besser können.
- Peter hält sich von Haus aus für dumm.
- Sabine sagt, sie sei ungeschickt.

Die Aufzählung ließe sich sicher endlos fortführen, denn hier werden Verhaltensweisen beschrieben, die sich nicht nur in Ihrer Kindergartengruppe sondern bestimmt auch in Ihrem persönlichen Umfeld finden lassen. Wie ist es mit Ihnen? Kennen Sie diese Situationen, in denen Sie sich gerne mehr (zu)trauen würden? Wir vertrauen niemandem grundlos. Auch nicht uns selbst. Sich selbst vertrauen bedeutet: Ich habe die Überzeugung oder die Erwartung, Anforderungen, die ich an mich stelle oder die andere an mich stellen, gerecht werden zu können. Wir alle haben allerdings auch Phasen, in denen wir uns nicht allzu viel zutrauen. Das kann auf Grund äußerer Umstände oder der eigenen körperlichen Verfassung der Fall sein, es kann aber auch entwicklungsbedingt sein. Damit unsere Kinder gut gerüstet ihren Lebensweg beschreiten, ist es wichtig, ihr Selbstvertrauen von Anfang an zu stärken. Denn wenn ein Kind über einen längeren Zeitraum mehrere der folgenden Verhaltensweisen zeigt, braucht es Unterstützung, um ein gesundes Selbstvertrauen zu entwickeln.

Heute im Angebot: Selbstvertrauen spielend fördern!

Mögliche Anzeichen für ein schwaches Selbstvertrauen

Das Kind …

- … sagt oft: „Ich kann das nicht!"
- … äußert immer wieder Selbstzweifel.
- … ist nicht neugierig und traut sich nicht, Neues zu wagen.
- … geht nie auf andere zu.
- … zieht sich bei Schwierigkeiten schnell zurück.
- … gibt an und stellt sich häufig stärker dar, als es ist.
- … macht sich und seine Fähigkeiten kleiner, als sie sind.
- … reagiert unsicher.
- … sucht oft Schutz bei jemandem.
- … guckt seinem Gegenüber nicht in die Augen.
- … stammelt oder stottert.
- … erzählt wenig und sagt nicht, was es will oder braucht.
- … lässt immer andere entscheiden.
- … ergreift keine Initiative.
- … hat einen unsicheren Stand und ist leicht umzuwerfen.
- … macht andere klein, um selber größer zu erscheinen.
- … lacht über sich selbst zuerst, bevor es jemand anderes tut.
- … vergleicht sich und findet, es schneidet schlecht ab.
- … vertraut sich niemandem an.
- … lässt sich schnell entmutigen.
- … steht nicht zu Fehlern. Es leidet sehr, wenn es Fehler macht.
- … möchte nie im Mittelpunkt der Aufmerksamkeit stehen.
- … beschreibt sich selbst negativ, z. B.: „Ich bin dumm."
- … ist leicht zu manipulieren, ist oft Mitläufer.
- … lässt sich alles gefallen, wehrt sich nicht.
- … verharrt bei Angst wie das Kaninchen vor der Schlange.
- … schlägt zu, weil es um jeden Preis gewinnen muss.
- … macht dauernd den Gruppenkasper.
- … fühlt sich nur bei sehr viel Aufmerksamkeit wahrgenommen.
- … nimmt oft eine geduckte Körperhaltung ein.
- … hat statt Respekt Angst vor Autoritäten.

Übrigens, wussten Sie, dass man auch zuviel Selbstvertrauen an den Tag legen kann? In Zaire zum Beispiel rät ein altes Sprichwort: *„Schätze deine Größe nicht nach deinem Schatten!"*

Heute im Angebot: Selbstvertrauen spielend fördern!

Buch-Tipp

Schütz, Astrid: „Je selbstsicherer, desto besser?: Licht und Schatten positiver Selbstbewertung"

In ihrem Buch „Je selbstsicherer, desto besser?" beschreibt Astrid Schütz unter anderem die Unterschiede zwischen Selbstwertschätzung und Selbstüberschätzung: „Selbstunterschätzung sowie starke Selbstüberschätzung erweisen sich im Leistungsbereich als ungünstig. Günstig ist eine geringfügige Selbstüberschätzung." (S. 94)

So werden Kinder zu Gewinnern!

Das Selbstvertrauen von Kindern zu stärken, gelingt oft schon mit kleinen Gesten. Haben Sie zum Beispiel schon einmal daran gedacht, Ihre Kinder mit einer Urkunde zu ehren?

> ### Aus der Praxis
> Normalerweise rastet Tony aus, wenn er verliert. Heute hat er, obwohl er beim „Hahnenkampf-Spiel" verloren hat, zum ersten Mal seinem Spielpartner die Hand geschüttelt.
> Tony bekommt dafür die Siegerehrung für den fairsten Verlierer.

Es ist kein großer Aufwand, Tony in seinem neuen Verhalten auf diese Weise positiv zu bestärken, und sicher fallen Ihnen noch viele weitere Situationen ein, in denen ein Kind eine besondere Ehrung verdient hat. Hier ein paar Ideen:

Glückwunsch! Du warst heute …

- der Fairste
- der Geschickteste
- der Schnellste
- der Tapferste
- der Mutigste
- der Stärkste
- der Aufmerksamste
- der Ausdauerndste
- der Hilfsbereiteste
- der Lustigste
  usw.

Praxis-Tipp

Oft kommt an dieser Stelle die Frage: „Und die Kinder, die sowieso immer fair sind, gehen dann leer aus?" Nein. Im Verlauf des Kindergartenjahres sollte jedes Kind eine Siegerehrung für das Überwinden der Hürde, die für es selbst am höchsten ist, bekommen. Besonders schön ist eine kleine Urkunde, die man zu Hause zeigen kann. Sicher, Wettbewerbsspiele sind umstritten, haben aber durchaus einen Sinn: Sie trainieren den Umgang mit Siegen, Niederlagen und Leistung, und bei Mannschaftsspielen trainieren sie den Teamgeist. Außerdem fördern sie ein realistisches Selbstbild: Wo bin ich stark, wo sind andere stärker, wo kann ich noch etwas dazu gewinnen?
Natürlich darf kein Kind dauerhaft Niederlagen erleben! Jedes Kind sollte die Chance bekommen, seine Fähigkeiten zu spüren. Damit Sie den Überblick behalten, kann es helfen, eine kleine Siegerehrungsliste zu führen.

Ich habe es dir ja gleich gesagt!

Lob und Kritik hinterlassen Spuren. Das Selbstkonzept von Kindern, das Bild, das sie von sich haben, ist stark bestimmt durch die Rückmeldungen, die sie von uns auf ihr Verhalten und ihr Handeln bekommen. Rückmeldung können wir auf vielseitige Art und Weise geben, und oft macht dabei der Ton die Musik. Nachfolgend möchte ich Ihnen einige Beispiele für unterschiedliche Formen der Rückmeldung geben. Vielleicht erkennen Sie in einem dieser Beispiele Ihre persönliche Art, auf Kinder zu reagieren, wieder?

Loben: „Das hast du super gemacht!"
Loben ist eine Art Belohnung von einer Person, die einem wichtig ist. Ein Lob muss man sich oft verdienen. Loben ist prima. Es kann aber Abhängigkeit schaffen. Möglicherweise tue ich Dinge nur, um gelobt zu werden.

Tadeln: „Ich sage dir jetzt mal, was du falsch machst."
Tadeln drückt sich sehr stark im besserwisserischen Tonfall aus. Tadeln kann entmutigen.

Ermutigen: „Weiter so!"
Ermutigen unterstützt die Handlung, nicht das Ergebnis. Es stärkt das Selbstvertrauen sehr. „Los, halte durch! Du schaffst das!", rufen wir oft beim Sport. Beim Ermutigen regen wir das Kind an, etwas zu wagen. Oder wir greifen auf, was es anbietet. Wir unterstützen und begleiten es dabei, sein Ziel zu erreichen. Ermutigung können wir alle gebrauchen.

Konstruktiv kritisieren: „Lass uns überlegen, wie es besser gehen könnte."
Konstruktiv kritisieren heißt, Lösungsansätze bieten. „Ich sage dir, was mir gefällt und was mir nicht gefällt oder was falsch ist. Gemeinsam überlegen wir, wie es besser gehen könnte oder richtig wäre."

Differenzierte Rückmeldung: „Schritt für Schritt geht es voran."
Differenzierte Rückmeldungen können ein Ansporn sein. „Die Form von deinem Baum gefällt mir gut. Aber ich weiß, dass du ihn besser ausschneiden kannst. Brauchst du vielleicht eine andere Schere?" „Ich habe genau gesehen, wie viel Mühe du dir gegeben hast. Merkst du das auch? Schritt für Schritt geht's vorwärts!"

Nörgeln: „Wie oft habe ich dir schon gesagt, ..."
Nörgeln ist die uneffektivste Form der Rückmeldung und dient ausschließlich dazu, den eigenen Ärger loszuwerden. „Wie oft soll ich dir noch sagen ..." „Nie machst du ..." „Ich habe es dir ja gleich gesagt ...". In der Regel ist es geprägt durch einen lamentierenden Tonfall und immer gleiche Worte. Es bewegt nichts. Wenn viel an einem rumgenörgelt wird, schleicht sich allerdings das Gefühl ein, dass man nicht in Ordnung ist.

Anbrüllen: „Jetzt reicht's!"
Anbrüllen kann als Überraschungseffekt kurzfristig durchaus einen Prozess in Gang setzen. Auf Dauer ruft es aber ein Gefühl der Hilflosigkeit und Unterlegenheit hervor. Häufiges Anbrüllen kann als seelische Gewalt empfunden werden und Selbstvertrauen nachhaltig zerstören.

Blümchen-Bienchen-Sprache: „Du kannst ja richtig wütend werden!"
Die Blümchen-Bienchen-Spache vermeidet jede differenzierte Rückmeldung auf Verhalten, Handeln oder Ergebnisse. „Na du bist ja ein starkes Kerlchen. So fest kannst du die Mama hauen!" Blümchen-Bienchen-Spra-

che hat das Ziel, zu zeigen: „Du bist für mich der Größte, Begabteste und Liebste, und bitte, bitte hab' mich dafür doch lieb!" Sie ist der richtige Weg, wenn man anmaßende Kinder mit einem Hang zur Selbstüberschätzung haben möchte.

Buch-Tipp

Dinkmeyer, James S.; Dinkmeyer Jr., Don; Dinkmeyer Sr., Don; McKay, Gary D: „Step – Das Buch für Erzieher/innen: Kinder wertschätzend und kompetent erziehen"

Ein Standardwerk der Kindererziehung

Lehnen Sie sich zurück. Ich erzähle Ihnen eine kleine Gruselgeschichte der Pädagogik, die zum Glück nicht wahr geworden ist. Und ich bin ganz sicher, mit Ihnen als Erzieherin hätte sie sowieso nie eine Chance gehabt.

Es war einmal eine frustrierte Hexe, die plante, die Weltherrschaft zu übernehmen. Die Erwachsenen machten ihr dabei keine Sorgen, aber die Kinder, diese Monster, die nicht arbeiten gehen müssen, länger leben würden als sie und die dazu noch nagelneue Zähne bekamen, ohne dafür zu bezahlen.

„Weg damit!", sagte sich die Hexe. „Man muss sie klein, kraftlos und mutlos halten."

Zufrieden rieb sie sich die faltigen Hände und beschloss, dafür zu sorgen, dass die Erziehung dieser nutzlosen Erdenbürger grundlegend reformiert wird. Wohl wissend, dass die Menschen sich das meiste Wissen über Bücher aneignen, beschloss sie, ein neues Standardwerk der Kindererziehung zu verfassen. Kernstück dieses Manifests sollte eine Zehn-Punkte-Liste werden, die all jene Maßnahmen beinhaltete, die am Selbstvertrauen der Kinder ansetzten und dieses Stück für Stück zerstörten. Da sie sich davon den größten Erfolg versprach, machte sie sich für diese Liste als Erstes die wichtigsten Stichpunkte:

Zehn Punkte, die das Selbstvertrauen von Kindern untergraben

1. Gefühle ausreden
„Du brauchst doch keine Angst zu haben. Andere machen das schließlich auch!" So lernen Kinder, ihren Gefühlen zu misstrauen.

2. Hoffnungen und Wünsche im Keim ersticken
„Lass das bleiben, das ist nichts für dich!" Da wird jedem Kind klar: Da glaubt jemand nicht an mich, und Ausprobieren lohnt sich nicht.

3. Konkurrenz schüren durch Vergleichen
„Schau mal, wie schön der Peter das macht. Der kann das schon."
Tja, Pech für dich, Baby! Bei uns wirst du nie die Nummer 1 werden.

4. Alles abnehmen
„Lass mal, ich mach' das schon!" Sieht aus wie Fürsorge, und dabei checken die Kinder, dass wir ihnen nichts zutrauen. Zu doof für alles!

5. Angst machen
„Wart's nur ab! Wenn du erst mal in der Schule bist …" Grundsteinlegung für die miese Schulkarriere.

6. Einschüchtern
„Nimm dich mal nicht so wichtig! Was glaubst du, wer du bist?"
Weg mit der Unbefangenheit. Schämen sollen sie sich!

7. Lächerlich machen
„Na, das hat er ja wieder ganz toll hingekriegt, unser Schlaufuchs!"
Vorführen und auslachen lassen, bis die Kinder gar nichts mehr wagen.

8. Tot loben
„Supi, ganz toll! Du bist ja ein kleiner Picasso!" Selbstüberschätzung führt irgendwann zum totalen Zusammenbruch von Selbstvertrauen.

9. Schrumpfen lassen durch Ignorieren
„Ach, du warst gestern nicht da? Gar nicht gemerkt!" Unauffällige Kinder nicht beachten, dann lösen sie sich von selbst in Luft auf.

10. Druck machen
„Beweg dich mal, du Schnecke!" Unter Druck setzen lähmt. Das funktioniert auch bei Erwachsenen.

Die Hexe hatte gerade Punkt zehn notiert, da krachte mit einem heftigen Windstoß das Fenster auf. Eine Taube, die angeblich „La Paloma" hieß, flog herein, schnappte sich die wertvolle Liste und flog damit davon. Die Hexe, außer sich, rannte zum Fenster, lehnte sich weit hinaus, um die Taube zu schnappen – zu weit! Sie fiel aus dem Fenster und brach sich das Genick.

Die Taube pfiff das hinlänglich bekannte „La Paloma" und ließ dabei die Zehn-Punkte-Liste zum Standardwerk der Kindererziehung auf dem Weg nach Spanien über dem blauen Mittelmeer fallen. Dort versank sie und die Empfehlungen der frustrierten Hexe mit ihr.

Woher ich die Geschichte kenne? Eine Scholle hat sie mir erzählt. Sie hat die Zehn-Punkte-Liste an einem Korallenriff gefunden und sich beim Lesen platt gelacht.

Auf die Plätze, fertig, los!

Na endlich, oder? Gleich können Sie loslegen mit vielen abwechslungsreichen Spielideen, die ganz unterschiedliche Aspekte des Selbstvertrauens besonders fördern. Damit Sie sich leicht orientieren können, finden Sie zu Beginn jedes Spiels Informationen zu Thema, Gruppengröße, Alter und Material. Die Angaben helfen Ihnen dabei, das passende Spiel für die Bedürfnisse Ihrer Kinder auszuwählen. Überlegen Sie vorab:

- Was trainiert das Spiel?
- Welche ihrer Fähigkeiten können die Kinder bei diesem Spiel einbringen?
- Für welche Kinder ist dieses Spiel besonders wichtig?
- Welches Thema lässt sich mit dem Spiel bearbeiten?

Sie selbst kennen Ihre Kinder am besten. Fühlen Sie sich frei, meine Ideen abzuwandeln und an Ihre Bedürfnisse anzupassen. Teilweise finden Sie im Anschluss Ideen zur Variation der Spiele oder auch Anregungen für anschließende Gespräche mit den Kindern. Jedes Kind hat seine besonderen Stärken, und es ist wichtig, dass es diese kennen und auf sie vertrauen lernt. Und Sie selbst? Täglich stellen Kinder, Eltern und Träger so vielfältige und hohe Ansprüche an Sie. Würden Sie sich auch über etwas Bestärkung freuen? Dann unterstütze ich Sie gerne am Ende jeden Kapitels mit einem Extra-Tipp für „stürmische" Arbeitstage.

> **Praxis-Tipp**
>
> Mit diesen Sätzen können wir besondere Aufmerksamkeit für ein Spiel wecken:
>
> - Heute machen wir ein Experiment.
> - Ich habe ein neues Spiel mitgebracht, von dem ich gar nicht weiß, ob man das spielen kann. Helft ihr mir, das auszuprobieren?
> - Ein neues Spiel! Aber kaum jemand hat es bis jetzt geschafft, dieses Spiel zu spielen. Ich weiß nicht, ob wir das schaffen können.
> - Heute spielen wir ein Spiel, das uns bärenstark macht.
> - Jetzt zeige ich euch mein neues Lieblingsspiel.
> - Wir spielen jetzt ein Spiel, das habe ich gerne gespielt, als ich so alt war wie ihr jetzt!

Wenn es dich nicht gäbe, müsste man dich erfinden!

„In jedem Menschen ist etwas Kostbares, das in keinem anderen ist."
Martin Buber

Ich möchte noch einmal auf Astrid Lindgren zurückkommen. Erinnern Sie sich noch an Pipi Langstrumpf? Das kleine Mädchen mit der Kraft eines Bären, das stärkste Mädchen der Welt? Was macht das Selbstvertrauen von Pipi Langstrumpf aus? Es sind ihre unbändige Lebensfreude, die eigene Begeisterung für ihre persönlichen Eigenarten und das bedingungsloses Vertrauen in ihren Einfallsreichtum, die Pipi stark machen. Diese innere Kraft und ihre Selbstständigkeit hat Pipi nicht zuletzt von Papa Käpt'n Langstrumpf.

Nun hat aber nicht jeder Papa oder Mama Langstrumpf zu Hause.

Deshalb ist es umso wichtiger, in der Kita einen Raum für Lebensfreude, Zuneigung und Interesse aneinander zu schaffen. Das können Kinder mit den Spielen in den folgenden Kapiteln erleben.

1. Das Leben ist schön!
2. Du bist ein unbezahlbares Einzelstück!
3. Wir finden dich Super-Prima-Spitzenklasse!

Extra-Tipp für Sie: Lebensfreude und Selbstbewusstsein

Also dann: Rein ins Vergnügen!

Das Leben ist schön!

*"Schön ist es auf der Welt zu sein, sagt der Igel
zu dem Stachelschwein, du und ich, wir stimmen ein.
Schön ist es auf der Welt zu sein."*
Lilibert

Wir reiten in den herrlichen Tag!

Thema: Lebensfreude spüren und ausdrücken können
Alter: ab 3 Jahre
Gruppengröße: beliebig
Material: keines

So geht's

Die Kinder stehen im Kreis und machen alle Aktionen mit.

Sprechen	Begleiten
Raus aus dem Bett und nicht lange warten! Heute reiten wir zum Kindergarten.	
Yippie! Auf die Pferde! Wir reiten los, gemütlich im Schritt. Alle dabei? Jeder darf mit!	imaginär auf ein Pferd aufsteigen Hand an die Stirn legen und in die Runde gucken
Und jetzt im Trab mal rechts um die Ecke, weiter geht's, geradeaus auf der Strecke.	auf der Stelle traben

Sprechen	Begleiten
Hoppla, der Fluss! Liebes Pferd, du musst springen! Und uns trocken zur Kita bringen.	*über den imaginären Fluss springen*
Jetzt galoppieren wir wild in der Sonne, yippie, hurra, das ist eine Wonne!	*mit lautem Rufen auf der Stelle galoppieren, zwischendurch springen*
Endspurt! Das Pferd galoppiert, so schnell es mag, rein in den herrlichen Kindergartentag!	*Jeder galoppiert, so schnell er mag, dann die Bewegungen langsam ausklingen lassen.*

Variation

Wenn Sie dieses Spiel im Bewegungsraum oder im Freien durchführen möchten, können die Kinder auch einzeln oder in der „Herde" durch den Raum bzw. den Garten galoppieren.

Zicke-Zacke, ich bin da!

Thema: Lebensfreude spüren und ausdrücken können
Alter: ab 3 Jahre
Gruppengröße: beliebig
Material: keines

So geht's

Die Kinder stehen im Kreis und begleiten den folgenden Text mit den entsprechenden Bewegungen.

Wenn es dich nicht gäbe, müsste man dich erfinden!

Sprechen	Begleiten
Zicke Zacke, Zicke Zacke	rhythmisch stampfen
Ich bin da!	die Siegerpose machen
Zicke Zacke, Zicke Zack'	rhythmisch stampfen
Hipp hipp hurra!	rhythmisch mitklatschen
Ob stark wie ein Bär	mit tiefer Bärenstimme sprechen
Oder piepsig wie 'ne Maus	mit piepsiger Mäusestimme sprechen
Ob schlau wie der Fuchs	mit dem Zeigefinger an den Kopf tippen
Oder frech wie 'ne Laus	frech grinsen
Ob dick oder dünn	mit den Händen dick und dünn zeigen
Ob groß oder klein	sich in die Länge strecken und sich klein machen
Ich freue mich auf der Welt zu sein!	laut rufen und in die Luft springen
Ich bin …	Alle Kinder rufen gleichzeitig ihren Namen und klatschen anschließend.

Variation

Ein Kind nach dem anderen ruft seinen Namen, und jedes Mal gibt es Applaus.

Sag doch mal

Was findet ihr im Leben besonders schön?

Selbstvertrauen entwickeln

So bin ich!

Thema: sich an sich selbst freuen
Alter: ab 3 Jahre
Gruppengröße: beliebig
Material: keines

So geht's

Die Kinder stehen im Kreis. Alle sprechen zusammen nachfolgenden Text und führen die Aktionen aus.

Sprechen	Begleiten
Ich bin so lang.	Arme nach oben strecken
Ich bin so breit.	Arme zur Seite strecken
Mit meinen Schritten komm' ich weit.	losgehen und große Schritte machen
Ich bleibe stehen, habe festen Stand,	vor einem anderen Kind stehen bleiben
jetzt schüttel' ich dir kräftig die Hand.	die Hand schütteln und
Ich kann dir in die Augen schauen.	dabei in die Augen sehen
Hallo, mein Freund, wir können uns vertrauen!	abklatschen

Praxis-Tipp

Es empfiehlt sich, dieses Spiel mehrmals zu wiederholen, damit möglichst viele Kinder miteinander in Kontakt kommen.

Sag doch mal

Was bedeutet das, jemandem vertrauen zu können?

Hip-hop, lächeln!

Thema: Freude am Größerwerden
Alter: ab 4 Jahre
Gruppengröße: beliebig
Material: keines

So geht's

Dieses Lied können Sie mit den Kindern im Stuhlkreis singen und mit den entsprechenden Bewegungen begleiten. Es passt gut zur Melodie des Liedes „In München steht ein Hofbräuhaus".

Singen	Begleiten
Morgens spring ich aus dem Bett. Hip-hop – lächeln!	*von den Stühlen aufspringen, bei hip-hop klatschen und lächeln*
Dieser Tag wird richtig nett! Hip-hop – lächeln!	*bei hip-hop klatschen und lächeln*
Spring in die Klamotten rein! Popo wackeln	*pantomimisch die Hose anziehen und dabei mit dem Popo wackeln*
Huch, die Jeans ist mir zu klein! Popo wackeln	*so tun, als ob man sich in die Hose zwängt, und dabei mit dem Popo wackeln*
Bin gewachsen heute Nacht, sooo ein Stückchen!	*zeigen, wie sehr man gewachsen ist*
Na, wer hätte das gedacht? Sooo ein Glückchen!	*einen kleinen Luftsprung machen*

Singen

Nur die Jeans heult vor sich hin,
weil ich rausgewachsen bin.
Jeans, du musst nicht traurig sein,
passt ein Kleiner in dich rein.
Ist sooo stolz auf seine Hos',
denn für ihn bist du ganz groß!

Begleiten

rhythmisch sprechen, immer wieder von vorne singen und das Tempo steigern

Der Riese holt sich gute Laune

Thema: sich selbst positiv stimmen können
Alter: ab 4 Jahre
Gruppengröße: beliebig
Material: keines

So geht's

Erzählen Sie den Kindern die folgende Geschichte, und begleiten Sie diese mit den entsprechenden Bewegungen. Alle Mitspiel-Aktionen sind kursiv gedruckt.

Liebe Kinder, bitte legt euch einmal alle auf den Boden! Wir sind jetzt Riesen, die ganz fest schlafen. Ganz klein rollen die Riesen sich zusammen *(ganz klein machen)*.

Donnerwetter, so kleine Riesen habe ich ja noch nie gesehen!

Der Riese liegt also in seiner Höhle und schläft. Ganz ruhig liegt er da. Hoppla, jetzt träumt er und brabbelt ein bisschen vor sich hin *(vor sich hin murmeln)*. Und natürlich schnarcht er seinen berühmten Riesenschnarcher *(einmal laut schnarchen)*.

Hui, da wackeln mir ja die Ohren!

Plötzlich klingelt der Riesenwecker, und der Riese wacht auf. Wie jeder anständige Riese rauft er sich morgens erst mal die Haare *(sich die Haare raufen)*.

Er geht in die Hocke, streckt langsam seine Riesenbeine und richtet sich auf *(in die Hocke gehen und langsam aufstehen)*. Uff – geschafft!

Der Riese schaut an sich herunter und denkt: „Hallo, ich kann doch noch größer werden!" Er legt seinen Riesenzeigefinger auf den Bauchnabel und drückt darauf wie auf einen Knopf *(Finger auf den Bauchnabel legen)*.

Tatsächlich, er wächst noch ein Stückchen *(die Arme weit nach oben strecken und sich auf die Zehenspitzen stellen)*.

Wow, seid ihr aber riesig!

Und dann, was macht er dann? Richtig, den ultimativen-riesengroßen-fetten-krassen Riesen-Gähner *(einmal ausgiebig gähnen)*.

Doch plötzlich, wie ein Donnerschlag, fällt ihm ein, was er heute alles für blöde, blöde, blöde Sachen machen muss. Igitt! Er rümpft die Nase und runzelt die Stirn *(Nase rümpfen und Stirn runzeln)*.

Was sind denn blöde Sachen, die der Riese machen muss?

(Die Kinder zählen Dinge auf, z. B. aufräumen).

Ach herrje, aufräumen! Der Riese sackt ein kleines bisschen zusammen *(die Füße wieder flach auf den Boden stellen)*.

(Die Kinder sagen, z. B. zum Zahnarzt gehen).

Oh nein, zum Zahnarzt gehen! Der Riese wird noch kleiner *(die Arme wieder herunter nehmen)*.

(Greifen Sie alles auf, was die Kinder sagen, wiederholen Sie es, und bei jeder blöden Sache sackt der Riese ein wenig mehr zusammen, bis alle mit hängenden Schultern wie ein Häufchen Unglück da stehen.)

Guckt euch mal um, wie traurig der Riese jetzt aussieht.

Kann das ein schöner Tag für ihn werden? Armer Riese!

Mensch, Riese, überlege doch mal: Worauf freust du dich denn heute?

(Die Kinder zählen Dinge auf, z. B. spielen)

Ja, spielen! *(Der Riese wächst wieder ein bisschen.)*

(Bei jeder Sache, die die Kinder nennen, wächst der Riese ein Stückchen, bis er wieder voll aufgerichtet ist.)

Wie schön, guckt mal – jetzt ist der Riese wieder riesig!

Er schaut sich nach seinen Riesenfreunden um und dreht den Kopf nach rechts und nach links *(den Kopf drehen und sich umschauen)*.

Ein Riesenlächeln erscheint auf seinem Gesicht *(lächeln)*.

Mit Riesenschritten geht er auf seine Riesenfreunde zu, schüttelt ihnen die Hand und sagt mit Riesenstimme: „Schön, dass du da bist!" *(aufeinander zugehen und einander begrüßen)*

Sag doch mal

Wie können wir uns aus einer miesen Stimmung rausholen? Was macht einen Tag schön?

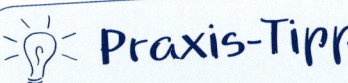

Praxis-Tipp

Wenn Kinder vor einer Person, einer Aufgabe oder einer Situation Angst haben, kann ihnen der Gedanke an diese Geschichte helfen. Das funktioniert übrigens genauso gut bei uns Erwachsenen! „Richte dich auf, und geh als Riese hin!"

Du bist ein unbezahlbares Einzelstück

*„‚Für mich bist du auf der ganzen Welt einzigartig.
Für dich werde ich auf der ganzen Welt einzigartig sein',
sagt der Fuchs zum kleinen Prinzen."
Antoine de Saint-Exupéry*

Achtung, Räuber!

Thema: den Blick für die Eigenarten der anderen stärken
Alter: ab 4 Jahre
Gruppengröße: beliebig
Material: keines

So geht's

Leiten Sie das Spiel wie folgt ein: „Vorsicht, unter uns ist ein gefährlicher Räuber, der versucht, Kinder zu fangen. Ich beschreibe ihn euch. Wenn ihr rauskriegt, wer es ist, sagt seinen Namen, und rennt ganz schnell weg, denn er wird versuchen, einen von euch zu erwischen!"

Beschreiben Sie jetzt ein Kind aus der Gruppe mit möglichst vielen Eigenarten. Zum Beispiel: „Er ist blond." „Er kann ganz laut sein." „Er hat ein blaues T-Shirt an." „Gestern hat er Lisa getröstet." usw.

Die Kinder hören aufmerksam zu und überlegen, wer gemeint sein könnte. Wenn die Kinder den Namen erraten und genannt haben, rennen sie alle los, und das Räuber-Kind versucht, ein Kind zu fangen. Das Kind, das vom Räuber gefangen wird, beschreibt den nächsten Räuber.

> **Praxis-Tipp**
>
> Sagen Sie dem Kind, das den nächsten Räuber beschreibt, dass es ihn bei der Beschreibung nicht die ganze Zeit angucken darf, damit es für die anderen Kinder nicht so leicht ist, den Räuber zu entlarven.

Sind alle Äpfel gleich?

Thema: Eigenartigkeiten und Gleichartigkeiten wahrnehmen
Alter: ab 3 Jahren
Gruppengröße: beliebig
Material: so viele Äpfel wie Kinder

So geht's

Die Kinder sitzen im Kreis. Jedes Kind bekommt einen Apfel.
Bitten Sie die Kinder, sich ihren Apfel ganz genau anzuschauen. Dann fragen Sie sie: „Was haben denn alle Äpfel gemeinsam? Was gibt es für Unterschiede?"
Die Kinder vergleichen ihren Apfel mit dem ihres Nachbarn und nennen die übereinstimmenden Merkmale und die Unterschiede.
Fragen Sie als Nächstes: „Was ist denn bei den meisten Menschen gleich? Was ist unterschiedlich?" Lassen Sie die Kinder einen Moment überlegen, und unterstützen Sie sie, wenn nötig, mit folgenden Übungen:

- Leg deine Hand gegen die Hand deines Nachbarn.
- Stell dich neben deinen Nachbarn, seid ihr gleich groß?
- Was ist dein Lieblingsspiel, und was ist sein Lieblingsspiel?
- Brüllt, so laut ihr könnt. Sind eure Stimmen gleich laut?
  usw.

Sag doch mal

Größer oder kleiner, dicker oder dünner – ist das eine besser als das andere? Nein, nichts davon ist besser oder schlechter, es ist einfach nur anders. Denn, wären alle so wie ich, wäre das ganz schön langweilig.

Praxis-Tipp

Natürlich darf jedes Kind seinen Apfel am Ende des Spiels aufessen, wenn es mag.

Wenn es dich nicht gäbe, müsste man dich erfinden!

Das Kni-Kna-Knaller-Kind

Thema: Selbstbestärkung
Alter: ab 4 Jahre
Gruppengröße: beliebig
Material: keines

So geht's

Die Kinder stehen im Kreis. Ein Kind startet. Es dreht sein Gesicht zu seinem linken Nachbarn und nennt seinen Namen, z. B.: „Ich bin Thomas." Dieses Kind fährt fort und nennt wiederum seinem linken Nachbarn seinen Namen, z. B.: „Ich bin Marie." So geht es reihum, bis alle Kinder im Kreis ihren Namen einmal genannt haben. Die Kinder fassen sich an den Händen, und gemeinsam sprechen und begleiten die Kinder folgenden Text:

Sprechen	Begleiten
Ich bin ein Kni-Kna-Knaller-Kind, lustig, frech und schlau,	*Beim Sprechen bewegt sich der Kreis langsam im Uhrzeigersinn.*
so was wie mich braucht diese Welt, das weiß ich ganz genau!	*stehen bleiben*
Hey hey hou! Hey hey hou!	*Alle schlenkern mit den Armen.*
So was wie uns braucht diese Welt, das wissen wir genau!	*Alle Arme fliegen in die Luft.*

Beginnen Sie anschließend beliebig oft von vorn, und steigern Sie das Tempo.

Selbstvertrauen entwickeln

Die Schatzjäger

Thema: den anderen wahrnehmen, sich wahrgenommen fühlen
Alter: ab 4 Jahre
Gruppengröße: beliebig
Material: keines

So geht's

Die Kinder stehen im Kreis. Zwei Kinder sind die Schatzjäger. Sie stellen zusammen die Fragen, und die Kinder antworten alle gleichzeitig.

Frage: „Wie lang?"
(Die Kinder strecken die Arme in die Luft und antworten: „So lang!")
Frage: „Wie breit?"
(Die Kinder strecken die Arme zur Seite und antworten: „So breit!")
Frage: „Wie schwer?"
(Die Kinder machen einen Luftsprung und rufen: „So schwer!")

Dann sagen die Kinder zu den Schatzjägern im Chor:
„Ob Einling, Zwilling oder Drilling,
groß wie ein Bär oder klein wie ein Spatz,
ich bin ein einzigartiger Schatz!"

Daraufhin antworten die Schatzjäger langsam und gefährlich: „Und wir sind … Schatzjäger!" Erst wenn das Wort „Schatzjäger" gefallen ist, dürfen alle loslaufen, und die Schatzjäger versuchen, sich einen Schatz zu fangen. Wenn sie ihn haben, bleiben alle stehen, und die Schatzjäger beschreiben ihren Schatz, z.B.: „Unser Schatz heißt Timo, er hat blonde Haare und er hat einen roten Pullover an." Anschließend wird der gefangene Schatz zum neuen Schatzjäger.

Praxis-Tipp

Sie können die Kinder animieren, noch mehr über ihren Schatz zu erzählen, indem Sie fragen: „Was weißt du denn noch über deinen Schatz?"

Wir finden dich Super-Prima-Spitzenklasse!

*„Ein Kind braucht das Gefühl, dass die Welt ein wenig reicher ist,
weil es gerade dieses besondere Kind gibt."*
Ch. Kaniak-Urban, Schulpsychologin

Begrüßungs-Karussell

Thema: wahrnehmen und sich wahrgenommen fühlen
Alter: ab 3 Jahre
Gruppengröße: beliebig
Material: keines

So geht's

Die Kinder stehen als Paare im Kreis. Sie begrüßen sich, indem sie gleichzeitig zueinander sagen:
„Ich sehe dich!" *(auf die eigenen Augen zeigen)*
„Ich höre dich!" *(die Hand ans Ohr legen)*
„Ich begrüße dich!" *(Hand auf's Herz legen mit kleiner Verbeugung)*

Dann schütteln sie sich gegenseitig die Hand und sagen dabei:
„Ich freu' mich außer Rand und Band,
gib mir deine andere Hand!
Dann drehen wir uns schnell
wie ein Karussell!"

Die Kinder überkreuzen die Hände und drehen sich, so schnell sie können.

Sag doch mal

Warum begrüßen wir uns überhaupt? Wie wichtig ist es, sich dabei in die Augen zu schauen?

Wenn du nicht da bist, fehlt uns was!

Thema: Wir schätzen jedes einzelne Kind und seine Eigenarten.
Alter: ab 3 Jahre
Gruppengröße: beliebig
Material: zwei Becher, Murmeln in der Anzahl der Kinder, die regulär in Ihrer Gruppe sind

So geht's

Dieses Spiel eignet sich für den Morgenkreis, wenn ein oder mehrere Kinder fehlen. Füllen Sie die Murmeln in einen der Becher, und stellen Sie beide Becher nebeneinander in die Mitte des Stuhlkreises. Nacheinander darf jedes Kind aufstehen und eine Murmel aus dem vollen Becher in den leeren Becher legen.

Dabei sagt es seinen Namen, z. B.: „Nora ist da!"
Die Gruppe antwortet: „Prima! Primaaa!"

So geht es weiter, bis alle dran waren. Dann gucken Sie gemeinsam mit den Kindern, wie viele Murmeln noch übrig sind. Sie holen die Murmeln aus dem Becher und überlegen gemeinsam:

„Wer fehlt heute?"
Zum Beispiel: Thomas.
„Was vermissen wir, wenn Thomas nicht da ist?"

Zählen Sie mit den Kindern alle Eigenschaften auf, die ihnen über Thomas einfallen, z. B. sein Lachen, sein Wuschelkopf usw.

Die Kinder erleben auf diese Weise, dass jedes einzelne Kind wichtig für die Gruppe ist.

Die Wochensonne

Thema: Selbstwertschätzung stärken und selbst eine neue Perspektive auf die Stärken und das Verhalten eines Kindes bekommen
Alter: ab 5 Jahre
Gruppengröße: ab 5 Kinder
Material: CD-Player, Wochensonne-Stuhl, Pappsonne am Band, schöne Flasche zum „Flaschendrehen"

So geht's

Die Wochensonne eignet sich als wöchentlich wiederkehrendes Ritual. Jedes Kind steht einmal eine ganze Woche lang im Mittelpunkt der Aufmerksamkeit. Als Symbol dafür wird „die Wochensonne" an seinem Garderobenhaken befestigt. Am Ende der Woche bekommt das „Wochensonne-Kind" von der ganzen Gruppe und der Erzieherin Rückmeldung auf seine positiven und überraschenden Verhaltensweisen während dieser Woche.

Wählen Sie dafür zunächst eine besondere Musik aus. Diese Wochensonne-Musik läuft, während sich die Kinder in den Stuhlkreis setzen. Ein Stuhl im Kreis ist der „Wochensonne-Stuhl". Das „Wochensonne-Kind" bekommt die Sonne umgehängt und setzt sich auf den Stuhl. Falls ein Kind nicht gerne im Mittelpunkt steht, darf es sich jemanden aussuchen, der neben ihm sitzt. Wenn die Musik endet, beginnen Sie, indem Sie fragen: „Seid ihr bereit? Heute scheint die Wochensonne für …?" Alle rufen z. B.: „Timo!"
„Und was sagen wir Timo?"

Die Kinder klatschen rhythmisch und sprechen zusammen:
„Wir machen keine Witze,
Timo, du bist spitze!
Heute hört die ganze Welt,
was uns an dir so gut gefällt!
Applaus für Timo!"

Alle klatschen, und anschließend hat jedes Kind Gelegenheit, zu erzählen, was ihm an Timo in dieser Woche besonders gut gefallen hat. Oft ist es hilfreich, die Kinder dabei durch gezielte Fragen zu unterstützen.

Zum Beispiel: „Wer hat denn diese Woche besonders oft und gerne mit Timo gespielt?" Oder man macht selbst den Anfang. Am Ende gibt es noch mal Applaus für Timo. Der darf nun die Flasche drehen. Das Kind, auf das die Flasche zeigt, ist das nächste „Wochensonne-Kind" und bekommt die Sonne überreicht.

Wenn ein Kind von der Gruppe mal nicht so viele Rückmeldungen bekommt, geben Sie selbst eine liebevolle, aber immer realistische Rückmeldung. Ziel ist es, die Kinder zu belohnen durch Aufmerksamkeit und Anerkennung. Kleinen Angsthasen wird bewusst, wenn sie eine mutige Seite gezeigt haben, schüchterne Kinder stellen fest, dass es ein Gewinn ist, wenn sie auch mal ihre freche Seite zeigen, und Rabauken freuen sich, wenn jemand „Danke" sagt, weil sie sich hilfsbereit und sozial gezeigt haben.

Praxis-Tipp

Erinnern Sie zu Beginn der neuen Woche im Morgenkreis noch einmal daran, wer das neue Wochensonne-Kind ist, und ermuntern Sie es zum Ausprobieren anderer Verhaltensweisen. Im Nachhinein können Sie es daran erinnern, was es für tolle Rückmeldungen bekommen hat, um es in seinem Verhalten zu bestärken.

Musik-Tipp

Zum Beispiel: Fucik, Julius. Einzug der Gladiatoren (Berühmte Märsche). 1992. EMI Classics

Extra-Tipp für Sie:
Mit Lebensfreude durch den Tag

*„Gib jedem Tag die Chance,
der schönste deines Lebens zu werden!"
Mark Twain*

Gönnen Sie sich morgens beim Aufwachen ein paar zusätzliche Minuten, und überlegen Sie, worauf Sie sich an diesem Tag freuen. Wenn Ihnen nichts einfällt, planen Sie etwas. Irgendeine Kleinigkeit: ein Telefonat mit einer Freundin, eine kleine Besorgung, die Sie freut, ein Treffen mit jemandem, den Sie mögen. Es ist wichtig, sich Inseln zu schaffen, kleine Auszeiten, in denen das eigene Wohlbefinden im Vordergrund steht. Apropos Wohlbefinden: Hören Sie, wann immer es geht, Musik, die Sie in eine angenehme Stimmung versetzt. Ob auf dem Weg zur Arbeit, in der Pause oder nachmittags auf dem Sofa, Musik in den Ohren bewirkt manchmal wahre Wunder, ebenso wie ein ganz besonderes Kompliment.

Aus der Praxis

Für die 4-jährige Mona ist ihre Erzieherin Gaby, mit dem goldblonden Lockenkopf, der schönste Mensch der Welt. Sie sitzt auf Gabys Schoß, zieht eine Locke zwischen den Fingern lang und sagt nachdenklich: „Ich will auch so gelbe, verbogene Haare haben wie du."

Musik-Tipp

Bruni, Carla. Quelqu'un m'a dit. 2002. Naïve.
Serkin, Rudolf. Mozart: Piano Concertos Nos. 12&20. 1996. Deutsche Grammophon

Drei Zauberworte: Zuversicht, Ausdauer, Mut!

*„Wer kämpft, kann verlieren,
wer nicht kämpft, hat schon vorher verloren."
Max Schmeling*

Wenn Zuversicht, Ausdauer und Mut die Zutaten für einen Cocktail wären, stünde dieser mit dem Namen „Happy Selbstvertrauen" auf der Getränkekarte einer jeden Bar ganz oben. Denn auch wir als Erwachsene sind herausgefordert, uns diese drei Eigenschaften im Verlauf eines wechselhaften Lebens immer wieder zurückzuerobern. Wie schaffen wir das eigentlich?

„So was habe ich doch schon mal hingekriegt!" Positive Erinnerung lässt die Zuversicht wachsen. „Ich will, ich kann, ich werde!" ist der Powersatz, um Ausdauer zu entwickeln. Und: „Ich habe die Hose voll, aber ich tue es trotzdem" macht Mut, weil wir die Angst nicht leugnen müssen. Was uns hilft, hilft in diesem Fall auch den Kindern: erinnern, ermutigen, bestärken!

Die Spiele und Übungen in den folgenden Kapiteln ermuntern die Kinder, Zuversicht, Ausdauer und Mut zu entwickeln und als positive Eigenschaften zu verstehen. Also, machen Sie sich startklar! Polieren Sie die Medaillen, und legen Sie die Urkunden bereit! Diese Spiele rufen förmlich nach Siegerehrungen!

1. Mit beiden Beinen auf dem Boden
2. Auf die Dauer hilft nur Power
3. Atem-Pause – Kraftquelle Atem

Extra-Tipp für Sie:
Das Vertrauen in die eigene Kraft

Mit beiden Beinen auf dem Boden

*„Man muss zuerst lernen, zu fallen,
wenn man fliegen möchte."*
Richard Bach

Herr Bumm – wirft um

Thema: körperliches Selbstvertrauen, fallen ohne Angst
Alter: ab 3 Jahre
Gruppengröße: ab 5 Kinder
Material: evtl. für jedes Kind eine Turnmatte/weiche Unterlage

So geht's

Bevor Sie dieses Spiel mit den Kindern spielen, sollten Sie eine kleine Vorübung mit ihnen machen. Zeigen Sie ihnen, wie sie sich selbst aus dem Kniestand zur Seite und aus der Hocke nach hinten fallen lassen können. Die Kinder sollten lernen, wie sie sich abrollen und wieder aufrappeln, ohne sich dabei wehzutun.

Anschließend hocken sich die Kinder im Raum verteilt auf ihre Matten, und das Spiel kann beginnen. Ein Kind ist Herr Bumm und spaziert zwischen den Kindern herum.

Die Kinder sagen:
„Herr Bumm, Herr Bumm,
der geht herum.
Gleich wirft er jemand
einfach um – bumm!"

Bei „um" wirft Herr Bumm eines der hockenden Kinder vorsichtig um, und alle rufen „bumm". Das Kind rollt ab und kommt so schnell wie möglich wieder auf die Beine. Es ist in der nächsten Runde der neue Herr Bumm.

> ### 💡 Praxis-Tipp
> Das Spiel ist eine prima Übung für alle Raufspiele, in denen gefallen wird.

Der Baum

Thema: sicherer Stand, Gleichgewicht halten können
Alter: ab 4 Jahre
Gruppengröße: beliebig
Material: keines

So geht's

Jedes Kind sucht sich einen Platz im Raum und stellt sich aufrecht hin. Leiten Sie die Kinder wie folgt an:

Stell dich aufrecht und gerade hin, sodass zwischen deinen Füßen so viel Abstand ist, dass ein kleiner Hase dazwischen sitzen könnte. Stelle dir vor, du bist ein Baum, deine Füße sind die Wurzeln, die fest mit dem Boden verbunden sind. Deine Beine und dein Körper sind der Stamm, und deine Arme wachsen als Zweige in den Himmel. Strecke dich ganz hoch in den Himmel, und bewege gleichzeitig ein wenig deine Beine. Donnerwetter, seid ihr schöne Bäume.

Atme ganz ruhig ein und aus. Spürst du den leichten Wind, der zwischen den Ästen weht? Plötzlich kommt ein Windstoß – die Äste bewegen sich und der Baum biegt sich zur Seite. Hoppla, da ist schon der nächste Windstoß, er bläst von der anderen Seite. Jetzt kommt der Wind von hinten. Und jetzt kommt er von vorne.

Große Klasse! Der Baum ist so gut verwurzelt, dass er zwar schwankt, aber stehen bleibt.

Doch jetzt kommt der große Sturm. Blast mal alle zusammen. Hui, der Baum schwankt rund herum in alle Richtungen. Der Sturm wird stärker und stärker, jetzt heult er richtig los ... noch lauter! Und plötzlich ... Achtung! Der Baum wird aus dem Boden gerissen. *(Alle Kinder laufen durcheinander.)*

Langsam zieht der Sturm weiter, und wir werden wieder ruhig. Jeder Baum findet einen Platz, und wir bilden einen großen Kreis. Dein Gewicht ist gleichmäßig auf beide Füße verteilt, du atmest ruhig ein und aus. Wir nehmen uns an den Händen und strecken unsere Arme in die Luft. Zusammen gehen wir in die Kreismitte. Jetzt sind wir wie ein einziger großer Baum und bewegen uns leicht im Wind.

Musik-Tipp

Smetana, Bedrich. Karajan-Edition: 100 Meisterwerke. Die Moldau. 1999. Deutsche G (Universal).

Praxis-Tipp

Der sichere Stand ist eine wichtige Voraussetzung für selbstbewusstes Auftreten. In unsicheren Situationen können wir die Kinder immer wieder daran erinnern, so sicher zu stehen wie der Baum im Wind.

Aus allen Ecken

Thema: körperliche Selbstsicherheit
Alter: ab 4 Jahre
Gruppengröße: ab 4 Kinder
Material: keines

So geht's

Markieren Sie ein Spielfeld, und teilen Sie die Kinder in vier Gruppen. Jede Gruppe stellt sich an eine Ecke des Spielfeldes. Auf ein Signal hin läuft nun aus jeder Gruppe gleichzeitig ein Kind über die Diagonale los, um die gegenüberstehende Gruppe zu erreichen. Wie bei einem X treffen sich dabei alle in der Mitte. Aber Vorsicht, es wird nicht gerempelt! Am besten starten Sie langsam und steigern dann nach und nach das Tempo.

Mausefalle

Thema: sich wehren können, körperliche Sicherheit
Alter: ab 4 Jahre
Gruppengröße: ab 2 Kinder
Material: evtl. Matten/eine weiche Unterlage

So geht's

Für dieses Rauf-Spiel ist es wichtig, dass die Kinder einander vertrauen. Am besten erklären Sie das Spiel vorab und stellen Regeln auf, die für alle Kinder verbindlich sind. Sobald ein Kind im Spielverlauf „Stopp" ruft, ist Schluss. Der Kopf ist beim Raufen tabu, und alle Bewegungen sollten langsam und kontrolliert ablaufen.

Die Kinder bilden Paare. Ein Kind steht im Vierfüßler-Stand und ist die Mausefalle. Das andere Kind krabbelt als Maus unter ihm durch. Dann schnappt die Falle zu, das Kind im Vierfüßlerstand legt sich auf die Maus drauf. Wie kann die Maus sich befreien?

Popo klopfen

Thema: Kräfte messen, körperliche Sicherheit
Alter: ab 4 Jahre
Gruppengröße: beliebig
Material: keines

So geht's

Die Kinder bilden Paare. Sie stehen sich gegenüber und geben sich die rechte Hand bzw. umfassen das rechte Handgelenk ihres Partners. Nun versuchen sie, mit der linken Hand dem anderen auf den Popo zu hauen. Das macht beim Zuschauen genauso viel Spaß, wie beim Spielen. Es wird ohne Gewinner und Verlierer gespielt und natürlich nicht zu fest zugehauen.

Mein Handtuch

Thema: Kräfte messen, körperliches Selbstvertrauen
Alter: ab 4 Jahre
Gruppengröße: beliebig
Material: ein Handtuch

So geht's

Die Kinder versammeln sich in einem Stehkreis, in dessen Mitte ein Handtuch liegt. Der Spielleiter ruft zwei Kinder auf, die sich in gleicher Entfernung zu dem Handtuch aufstellen. Auf ein Startzeichen hin stürzen sie sich auf das Handtuch und versuchen, es durch Ziehen und Zerren in ihren Besitz zu bringen. Wer mit dem Handtuch an seinen Platz kommt, hat gewonnen.

 Praxis-Tipp

Das Spiel eignet sich auch zum spontanen Einsatz, wenn es darum geht, dass sich zwei „Streithähne" abreagieren und auspowern sollen.

Daumenjudo

Thema: Kräfte messen, Geschicklichkeit trainieren
Alter: ab 4 Jahre
Gruppengröße: ab 2 Kinder
Material: keines

So geht's

Zwei Kinder stehen oder sitzen sich gegenüber. Bevor der „Daumenkampf" losgeht, geben sie einander die Hand und halten sie fest. Jetzt verbeugen sich die Daumen.

Auf ein Startzeichen hin versucht nun jedes Kind, mit seinem eigenen Daumen den Daumen des anderen Kindes hinunter bzw. zur Seite zu drücken. Wem das zuerst gelingt, der hat gewonnen. Das Spiel ist gar nicht so einfach. Die Daumen dürfen sich umkreisen und wegducken. Spielregel Nummer eins ist natürlich: Die Hand des Spielpartners darf nicht losgelassen werden.

Beinehakeln

Thema: körperliches Selbstvertrauen
Alter: ab 4 Jahre
Gruppengröße: beliebig
Material: Matten/weiche Unterlage

So geht's

Die Kinder bilden Paare und stellen sich versetzt einander gegenüber. Rechte Schulter an rechte Schulter, die Arme sind hinter dem Rücken verschränkt. Auf das Startsignal hin verhakeln sich die Spielpartner mit dem rechten Bein in der Kniekehle des anderen und versuchen, sich so gegenseitig aus dem Gleichgewicht zu bringen.

Sag doch mal

Die folgenden Fragen können Sie nach allen Wettbewerbsspielen stellen: Gibt es eigentlich Menschen, die immer gewinnen oder immer verlieren? Wenn man ein Spiel verloren hat, will man es dann nie wieder spielen? Was hilft einem, um ein Spiel zu gewinnen?

 Praxis-Tipp

Nach Wettbewerbsspielen bietet es sich an, die Gespräche in Form von Sportinterviews zu führen. Lassen Sie die Kinder eigene Fragen entwickeln. Wenn Sie die Gelegenheit haben, die Gespräche aufzunehmen, machen Sie den Kindern eine große Freude. Außerdem steigert es die Konzentrationsbereitschaft.

Auf die Dauer hilft nur Power!

*„Die Kunst ist, einmal mehr aufzustehen,
als man umgeworfen wird."*
Winston Churchill

Streithähne

Thema: Durchhaltevermögen stärken, Kräfte messen
Alter: ab 5 Jahre
Gruppengröße: beliebig
Material: keines

So geht's

Die Kinder bilden Paare, die sich als Streithähne gegenüber stehen. Sie haben die Arme vor der Brust verschränkt. Ein Streithahn will den anderen vom Hof jagen. Das versuchen beide mit lautem „Kikeriki-Geschrei". Auf das Startsignal hin heben sie ein Bein hoch und hüpfen aufeinander los. Mit Schultern oder dem ganzen Körper rempeln sie den Spielpartner an und versuchen, ihn aus dem Gleichgewicht zu bringen. Die Arme bleiben dabei vor der Brust verschränkt. Wer zuerst einen Fuß aufsetzt, hat verloren. Revanche?

Praxis-Tipp

Legen Sie bei diesem Spiel den Schwerpunkt auf das Durchhaltevermögen. Der Sieger wird geehrt, weil er gewonnen hat. Und der Spielpartner? Was für besondere Fähigkeiten hat er bewiesen? Ausdauer? Mut? Tapferkeit? Dafür wird auch er gefeiert.

Variation

Für kleinere Kinder kann das Spiel in einen Kampf der Frösche umgewandelt werden. Die Kinder sitzen als Frösche in der Hocke, die Hände neben den Füßen. Erst quaken sie wütend, dann hüpfen sie auf den Partner zu und versuchen, ihn durch Rempeln aus dem Gleichgewicht zu bringen. Wer es schafft, dass der andere Frosch zuerst auf dem Popo sitzt, hat gewonnen.

Murmel-Kampf

Thema: Durchhaltevermögen stärken, Geschicklichkeit trainieren
Alter: ab 4 Jahre
Gruppengröße: beliebig
Material: pro Kind 2 Esslöffel und eine Murmel oder ein kleiner Ball

So geht's

Die Kinder bilden Paare und stellen sich einander gegenüber. Jedes Kind bekommt zwei Esslöffel. Auf dem Löffel der linken Hand wird eine Murmel platziert (bei Linkshändern umgekehrt). Auf ein Startzeichen hin versuchen beide, mit dem freien Esslöffel die Murmel des anderen vom Löffel zu stoßen und gleichzeitig die eigene Murmel zu schützen. Wem gelingt es, sein Murmel zu verteidigen?

Sag doch mal

Was fällt dir schwerer, angreifen oder verteidigen?

Drei Zauberworte: Zuversicht, Ausdauer, Mut!

Hau ab! – Nein!

Thema: Schüchterne stärken, standhaft bleiben
Alter: ab 4 Jahre
Gruppengröße: beliebig
Material: Teppichfliesen in der Anzahl der Kinder

So geht's

Die Kinder bilden Paare. Sie stehen sich, jeder auf seiner Teppichfliese, gegenüber. Ziel ist es, den anderen von seiner Teppichfliese zu verdrängen, ohne die eigene zu verlassen. Die Auseinandersetzung beginnt zunächst verbal: „Hau ab!" – „Nein!"

Auf ein Signal hin wird sie dann auch körperlich: Die Kinder legen ihre Hände aneinander und beginnen, zu rangeln, zu drücken und zu schieben. Wer es schafft, den anderen von seiner Teppichfliese zu verdrängen, hat gewonnen.

Sag doch mal

Kennen wir so etwas aus dem Alltag? Wann ist es wichtig, laut „Hau ab!" zu sagen? Wann ist es wichtig, „Nein" zu sagen?

Mama, bleib da!

Thema: Ausdauer trainieren, Durchsetzungsvermögen stärken
Alter: ab 4 Jahre
Gruppengröße: beliebig
Material: keines

So geht's

Die Kinder bilden einen Kreis, der nicht ganz geschlossen wird. Die Lücke markiert die „Tür". Je zwei Kinder finden sich als Paar zusammen und gehen in die Kreismitte. Ein Kind spielt die Mutter, das andere das Kind. Zusammen stellen sie nun eine Abschiedsszene nach: Die Mutter sagt: „Tschüss mein Schatz, ich gehe jetzt!" und geht zur „Tür". Das Kind umklammert sie und versucht, sie mit aller Kraft zurückzuhalten. Schafft es die Mutter, durch die Tür zu kommen? In der nächsten Runde übernimmt das Kind die Rolle der Mutter und sucht sich einen Spielpartner aus.

Sag doch mal

Warum sind wir manchmal so traurig, wenn jemand geht? Warum wollen wir jemanden zurückhalten?

Praxis-Tipp

Das Spiel eignet sich gut, um das Thema „Abschied" fröhlich zu bearbeiten.

Schlange fangen

Thema: Schüchterne stärken, ermutigen, aktiv zu werden
Alter: ab 4 Jahre
Gruppengröße: beliebig
Material: halb so viele Seile wie Kinder (Länge ca. 2 m)

So geht's

Die Kinder finden sich in Paaren zusammen. Eines von beiden erhält das Seil, welches es auf dem Boden schlängelt. Das andere Kind versucht, auf die „Schlange" zu treten. Wenn es das geschafft hat, wird es neuer Schlangenbesitzer und schlängelt los. So geht es immer im Wechsel. Erweiterung: Jedes Mal, wenn es zutritt, lässt es einen Kampfschrei los.

Musik-Tipp

Loona. Mamboleo (Mambo Mix). Mamboleo. 2007. Universal Music Domestic Pop

> **Praxis-Tipp**
>
> Wenn Sie Kinder haben, die eher piepsen als schreien, gehen Sie zu ihnen, und schreien Sie ein paar Mal zur Ermutigung mit.

Wir kriegen dich!

Thema: Kraft spüren, Durchsetzungsfähigkeit stärken
Alter: ab 4 Jahre
Gruppengröße: beliebig
Material: Klebeband

So geht's

Die Kinder stehen sich in zwei gleichgroßen Reihen gegenüber. Die Grenze zwischen ihnen wird durch ein Klebeband markiert. Jedes der Kinder fasst sein Gegenüber an den Händen. Auf ein Signal hin versuchen sie, sich gegenseitig in ihr eigenes Spielfeld zu ziehen. Ist ein Kind mit seinem ganzen Fuß ins Feld der gegnerischen Gruppe geraten, wechselt es die Seite und spielt in dieser Gruppe als Verstärkung mit. Spätestens, wenn alle Kinder in einem Feld sind, ist das Spiel zu Ende.

> **Praxis-Tipp**
>
> Dieses Spiel ist ein Powerspiel und macht noch mehr Spaß, wenn Sie dazu Musik laufen lassen. Falls es einigen Kindern zu wild ist, können Sie Rollen verteilen. Zum Beispiel: Der Platzwart klebt das Spielfeld ab, jemand macht die Musik an und aus, und es gibt Beobachter, die genau gucken, wer die Grenze überschritten hat.

🎵 Musik-Tipp

Putumayo. Rock & Roll Playground. Sleep the whole day through. 2010. Putumayo/Exil (Indigo)

Atem-Pause – Kraftquelle Atem

„Leben beginnt mit dem ersten Atemzug und endet mit dem letzten. Der Atem ist das Zentrale in uns und reagiert auf alles, was uns innerlich und äußerlich bewegt."
Charlotte Vonaesch, Atempädagogin

Die Ruhe und die Kraft liegen am Ende der Ausatmung. Kennen Sie das: vor Anspannung die Luft anhalten, die Schrecksekunde, die uns versteinern lässt, die Panikatmung bei Stress und Angst? Kinder, die das tagtäglich oder sogar mehrmals am Tag erleben, erfahren dabei Handlungsunfähigkeit, Hilflosigkeit und ein Gefühl der Niederlage. Die folgenden Spiele trainieren, den Atem als Kraftquelle zu nutzen, um Anspannung und Angst kontrollieren zu können. Der Schwerpunkt liegt bei allen Übungen auf der Ausatmung.

Der lange Atem

Thema: die Kraft des Atems spüren
Alter: ab 4 Jahre
Gruppengröße: beliebig
Material: Seifenblasen

So geht's

Leiten Sie die Kinder zu den folgenden Atemübungen an:

Gähnen wie die wilden Tiere

Wir gähnen einmal wie die wilden Tiere. Dadurch holen wir ganz viel frische Luft in unseren Körper. Spürt mal, wie der Körper sich nach dem Gähnen anfühlt.

Zählen, ohne Luft zu holen

Wir machen ein Experiment und gucken, wie lange ein „Ausatmen" von uns dauert. Wir probieren, wie oft wir auf Zehn zählen können, ohne Luft zu holen. Immer, wenn wir wieder bei Eins sind, zeige ich es mit den Fingern. Wer keine Luft mehr hat, hört einfach auf. Das ist bestimmt bei jedem von uns anders. *(Zählen Sie beim Ausatmen sichtbar mit den Fingern mit.)*

Seifenblasen-Jagd

Pusten Sie Seifenblasen in die Luft, die die Kinder mit ihrem Atem durch den Raum treiben, möglichst ohne sie kaputt zu machen.

Auf ein Signal hin dürfen die Kinder die Seifenblasen mit einem kräftigen Puster zum Platzen bringen.

Musik-Tipp

Strauss, Johann. Frühlingsstimmen! Die Meisterwerke von J. Strauss. Frühlingsstimmen. 2010. Zyx-Klassik

Kraft atmen

Thema: Angst und Sorgen über den Atem beeinflussen können
Alter: ab 4 Jahre
Gruppengröße: beliebig
Material: keines

So geht's

In jedem von uns wohnt ein Mutmännchen. Das können wir durch unseren Atem groß oder klein werden lassen. Wenn wir ganz schnell und flach atmen, dann wird das Mutmännchen klein, ein Mutzwerg! Probiert's mal aus! Merkt ihr, wie klein das Mutmännchen wird?

Wenn wir dagegen tief und ruhig atmen, wird es immer größer. Ein richtiger Mutriese! Spürt ihr das?

Das Mutmännchen ist ein klasse Freund, z. B. wenn wir Angst oder Sorgen haben. Dann kann es uns helfen, Kraft zu bekommen. Dann sagt es: „Atme den Mut ein!", und du atmest tief ein. „Alles wird gut!", und du hältst den Atem einen Moment lang an. „Atme die Sorgen aus!", und du atmest ganz langsam aus.

Das wiederholst du einige Male. Zum Schluss sagst du zu dir selbst: „Jetzt habe ich Mut!" Du atmest noch einmal tief ein und atmest dann ruhig weiter.

> ### Praxis-Tipp
>
> Wenn Sie Kinder mit Asthma in der Gruppe haben, dürfen die vorgeschlagenen Übungen nicht ohne Rücksprache mit den Eltern oder dem zuständigen Therapeuten gemacht werden.

Der ängstliche Hase wird stark

Thema: die Schrecksekunde auflösen können
Alter: ab 4 Jahre
Gruppengröße: ab 4 Kinder
Material: Glöckchen, Lose, um Füchse und Hasen einzuteilen

So geht's

Die Kinder sitzen im Kreis, während Sie die Geschichte erzählen. Alle Mitspiel-Aktionen sind kursiv gedruckt.

Endlich, die Schulglocke klingelt (*mit dem Glöckchen läuten*)! Die Hasenschule ist aus, und alle Hasenkinder machen sich fröhlich auf den Heimweg (*Die Kinder gehen auf der Stelle*).

Nur der ängstliche Hase freut sich gar nicht, denn er hat große Angst vor dem frechen Fuchs. Er geht deshalb eilig über das weite Feld und schaut sich immer wieder ängstlich um, ob ihm jemand folgt. Dabei atmet er ganz kurz und flach, denn der arme kleine Hase hat wirklich große Angst! Hört ihr sein Herz pochen? (*mit der Hand den Herzschlag klopfen*)

Und tatsächlich! Der freche Fuchs hat sich hinter einem Busch versteckt und reibt sich vor Freude die Hände. Er ruft, so laut er kann: „Hallo Angsthase! Komm, wir spielen Hasenjagd! Gleich hab' ich dich, gleich fress' ich dich!"

Vor Angst und Schrecken bleibt der Hase wie angewurzelt stehen. Der Atem stockt ihm, und seine Augen werden ganz groß vor Angst. (*die Kinder mit großen Augen anschauen*)

„Na los, Hase, renn weg, sonst macht das doch keinen Spaß!", brüllt der Fuchs, aber der kleine Hase fühlt sich wie gelähmt. Vor lauter Angst kann er sich kaum noch bewegen. Der Fuchs beginnt, ihn zu schubsen, und der kleine Hase rennt im Zickzack los, so schnell er kann. Er hat große Angst, er atmet ganz schnell, er hechelt und hat schon Seitenstechen. Bald kann er nicht mehr – doch plötzlich, der Hase stellt die Löffel auf, hört er ein Glöckchen. (*mit dem Glöckchen läuten*) Na so was? Der Fuchs steht versteinert da, und eine helle Stimme sagt sanft: „Kleiner Hase, immer mit der Ruhe! Du bist nicht allein!"

Der Hase schaut sich um und entdeckt eine klitzekleine Glitzerglimmer-Fee, die um ihn herumfliegt. „Atme ruhig ein und langsam aus, dann hast du mehr Kraft!", ruft die Fee. Der kleine Hase probiert es gleich aus und fühlt sich schon ein bisschen besser. „Und jetzt zeigen wir dem Fuchs mal, wo der Hammer hängt!" sagt die Fee vergnügt. „Bist du bereit für eine kleine Mutprobe?" Der Hase nickt. Die Fee läutet erneut das Glöckchen (*mit dem Glöckchen läuten*), und der Fuchs kann sich wieder bewegen. „Jetzt bist du dran, Hase!", brüllt der sogleich bedrohlich und rennt auf den Hasen zu.

„Richte dich auf!", flüstert die Fee. Der Hase macht sich groß. „Schau ihm in die Augen! Und jetzt blase, so fest du kannst. Blase den Fuchs weg!"

Der Hase bläst mit voller Kraft! Dabei sieht er so stark und Furcht erregend aus, dass der Fuchs erschrocken stehen bleibt, auf dem Absatz kehrt macht und davonläuft. So stark hat sich der Hase noch nie gefühlt!

Er will sich bei der Fee bedanken, aber die ist längst weiter geflogen. Nur auf seinem braunen Fell sieht der kleine Hase noch ein bisschen bunten Glitzerglimmer-Staub. Und das Glöckchen hat sie neben ihn gelegt, als Erinnerung daran, wie stark und mutig er sein kann.

Variation

Sie können die Geschichte als Rollenspiel einsetzen.

Praxis-Tipp

Wenn Ihr Budget es erlaubt, schenken Sie jedem Kind ein kleines Glöckchen, das es daran erinnert, in Angstsituationen die Ruhe zu bewahren.

Extra-Tipp für Sie:
Das Vertrauen auf die eigene Kraft

> „Unsere größte Angst ist nicht, dass wir nichts taugen.
> Unsere größte Angst ist, dass wir maßlos stark sind.
> Es ist unser Licht, nicht unsere Dunkelheit,
> vor der wir uns am meisten fürchten."
> Nelson Mandela

Würden Sie Mr. Mandela zustimmen? Fürchten wir uns vor unserer eigenen Kraft? Oder droht der mahnende Finger: Man lobt sich nicht selbst!? Warum eigentlich nicht? Spätestens wenn Sie Ihre Kräfte verlassen, legen Sie bitte eine ehrliche Liste an: Was habe ich in meinem Leben, auch unter schwierigen Bedingungen, schon geschafft? Hier eine kleine Auswahl:

Schule, Ausbildung, Bewerbungsgespräche, Geld verdienen, Liebeskummer überleben, Freunde gewinnen, gute Laune verbreiten, Führerschein, Fahrtenschwimmer, jemanden überzeugen, Kindern etwas beibringen, mit nervenden Eltern freundlich umgehen …

Sie könnten ein Buch damit füllen! Verknüpfen Sie die Erinnerung an Situationen, in denen Sie besondere Stärke entwickelt haben, mit einem kleinen Gegenstand, der Ihnen immer wieder in die Hände fällt. Zum Beispiel mit einem Schmuckstück, einem Stein, einem Foto. Wenn Sie diesen Gegenstand sehen, vergessen Sie nie, wie viel Kraft Sie in Ihrem Leben schon bewiesen haben! Und auch, wenn Sie gerne im Team arbeiten, vergessen Sie nicht, was Sie persönlich leisten. Was waren Ihre Ideen? Wo haben Sie etwas bewegt? Was gelingt Ihnen auf Grund Ihrer Persönlichkeit besonders gut?

Buch-Tipp

Asgodom, Sabine: „Eigenlob stimmt. Erfolg durch Selbst-PR". Econ, 2003

Manege frei –
der Gefühlszirkus kommt

*„Bist du wütend, zähl bis vier,
hilft das nicht – dann explodier."*
Wilhelm Busch

Aus der Praxis

Die 4-jährige Mira fühlt sich von ihrer Freundin beleidigt (Gefühl Nr. 1: beleidigt) und fängt an, zu weinen (Gefühl Nr. 2: traurig). Sie merkt, dass andere Kinder sie beobachten und auslachen, und versteckt ihren Kopf im Arm (Gefühl Nr. 3: schämt sich). Die Kinder sollen weggehen (Gefühl Nr. 4: wütend). Ihr Weinen geht nun in Wimmern über (Gefühl Nr. 5: Selbstmitleid).

Wer von uns kennt das nicht, dass einem die Gefühle auf der Nasenspitze herumtanzen wie ein Flohzirkus, dem der Direktor durchgebrannt ist!? Die geschilderte Szene spielt sich in höchsten zwei Minuten ab, das bedeutet sichtbare Gefühlswechsel im 20-Sekunden-Takt. Unglaubliche Leistung! Ein Schauspieler probt für so etwas einen Monat. Aber Spaß beiseite. Wenn wir unseren Gefühlen oft ausgeliefert sind, kann das unser Selbstvertrauen erschüttern. Wir werden für uns selbst unberechenbar. Dieser Kontrollverlust kann einem Kind Angst machen. Die folgenden Kapitel drehen sich rund ums „Gefühlsleben".

1. Nenn' deine Gefühle beim Namen!
2. Mein Gefühl & dein Gefühl – zusammen macht es Spaß!
3. Sei mutig, zeig' deine Angst!

Extra-Tipp für Sie:
So bleiben Sie auf dem Teppich.

Nenn' deine Gefühle beim Namen!

*"Es genügt nicht, Gefühle zu haben.
Man muss auch fähig sein, sie auszudrücken."*
Daniel Goeudevert

Vorhang auf, Vorhang zu!

Thema: Gefühle ausdrücken und benennen können
Alter: ab 4 Jahre
Gruppengröße: beliebig
Material: keines

So geht's

Die Kinder stellen sich im Kreis auf und halten ihre Hände vor das Gesicht wie einen Vorhang, der in der Mitte teilbar ist.

Sie zählen bis zehn. Dann ruft ein zuvor bestimmtes Kind ein Gefühl, z. B.: „wütend". Daraufhin öffnen alle Kinder ihre Hände, machen ein wütendes Gesicht und schließen den „Hände-Vorhang" wieder. Das Kind, das dran war, bestimmt, wer sich als Nächstes ein Gefühl einfallen lässt, und dann zählen alle gemeinsam wieder bis zehn.

Variation

Ein Kind nennt mehrere Gefühle, zwischen denen der „Hände-Vorhang" schnell immer wieder auf und zu geschoben wird.

Sag doch mal

Welche Gefühle mögen wir gerne, welche weniger gerne? Warum?

Was bin ich?

Thema: Gefühle ausdrücken und benennen können
Alter: ab 5 Jahre
Gruppengröße: beliebig
Material: keines

So geht's

Sie stehen mit den Kindern im Kreis. Ein Kind stellt mimisch und gestisch ein Gefühl nach und fragt: „Was bin ich?" Die anderen Kinder antworten und machen das Gefühl nach. Das Kind könnte z. B. mit dem Fuß aufstampfen. Die Antwort würde dann „wütend" oder „trotzig" lauten. Wenn das Gefühl richtig erkannt und von allen Kindern nachgemacht wurde, macht ein anderes Kind mit einem neuen Gefühl weiter.

Sag doch mal

Können wir wissen, was jemand will, wenn er nichts sagt? Wir können nicht ineinander reingucken. Es ist wichtig, dass du zeigst oder sagst, was du fühlst. Dann kann dir jemand helfen.

Buch-Tipp

Liebertz, Charmaine: „Das Schatzbuch der Herzensbildung: Grundlagen, Methoden und Spiele zur emotionalen Intelligenz". Don Bosco, 2004

Jeder tanzt mal aus der Reihe

Thema: Unterschiedliche Gefühle erkennen und ausdrücken können
Alter: ab 3 Jahre
Gruppengröße: beliebig
Material: CD-Player; CD mit Rock'n'Roll-Musik

So geht's

Bitten Sie die Kinder, eine Faust zu machen und den Daumen darin zu verstecken, und beginnen Sie dann, nachfolgenden Text zu sprechen.

Sprechen	Begleiten
Der kleine Finger winkt euch zu und heult: „Ich bin so klein! Die and'ren Finger sind nicht da, ich fühl mich ganz allein."	den kleinen Finger aufrichten und mit trauriger Stimme sprechen
Zack! Taucht der Zeigefinger auf: „Wer jammert hier so doll? Hey, kleiner Finger, heul' doch nicht! Wir tanzen Rock'n'Roll."	den Zeigefinger aufrichten und mit frechem Unterton sprechen
Elegant rollt sich der Ringfinger hoch und fragt: „Wer tanzt denn hier mit wem? Und Rock'n'Roll? Nein, lieber doch die Reise nach Jerusalem."	den Ringfinger langsam hoch rollen und mit hochnäsigem Unterton sprechen
Der dicke Daumen flüstert leis': „Das hat doch keinen Zweck! Ich tanz nicht, ich genier' mich so – ich bleib in meinem Versteck!"	den Kindern den Handrücken zuwenden, den Daumen versteckt halten und ängstlich flüstern
Der Mittelfinger regt sich auf und ruft laut: „Jetzt ist Schluss! Stellt euch in einer Reihe auf, und gebt dem Daumen – einen Kuss!"	den Mittelfinger aufrichten und mit fester Stimme sprechen, mit den Fingerspitzen nacheinander den Daumen berühren und ein Küsschen-Geräusch machen
Der Daumen, der ist ganz gerührt, sagt: „Freunde, das war toll! Wir reisen nach Jerusalem und tanzen – Rock'n'Roll!"	die Musik einschalten und die Finger tanzen lassen

 ## Musik-Tipp

Bob & Lucille. Girls gone Rockin: Rockabilly Girls. Eeny-meeny-miney-moe. 2010. Fantastic Voyage (rough trade)

Die stille Gefühlspost!

Thema: Gefühle wahrnehmen und ausdrücken können
Alter: ab 4 Jahre
Gruppengröße: beliebig
Material: keines

So geht's

Versammeln Sie sich mit den Kindern im Stehkreis, und beginnen Sie, zu erzählen: „Stellt euch vor, heute morgen hatte ich eine Gefühlspost in meinem Briefkasten. Die will unbedingt an alle weitergeschickt werden. So hat sie ausgesehen." Zeigen Sie mit Ihrem Gesicht ein Gefühl, und sagen Sie dann: „Ich gebe das Gefühl mal weiter an meine Nachbarin, und du (Marie) gibst es an deinen Nachbarn weiter." Sie gucken das neben Ihnen stehende Kind zum Beispiel fröhlich an, dieses guckt sein Nachbarkind fröhlich an, bis das Gefühl einmal mimisch die Runde gemacht hat. Das nächste Kind darf nun ein neues Gefühl in die Runde schicken.

Variation

Die Kinder stehen in einer Schlange hintereinander und geben das Gefühl weiter. Am Schluss wird der Gesichtsausdruck des ersten Kindes mit dem des letzten Kindes verglichen.

Mein Gefühl und dein Gefühl – zusammen macht es Spaß!

„Und wenn in unserer Zeit zwei moralische Haltungen nötig sind, dann genau diese: Selbstbeherrschung und Mitgefühl!"
Daniel Goleman

Autoscooter

Thema: Verantwortung übernehmen, jemandem vertrauen
Alter: ab 4 Jahre
Gruppengröße: ab 6 Kinder
Material: CD-Player; CD mit Rock'n'Roll-Musik und Walzer-Musik

So geht's

Schalten Sie für die erste Runde die Walzer-Musik ein. Je zwei Spielpartner stellen sich hintereinander. Das hintere Kind ist der Fahrer und legt seine Hände auf die Schultern des Vordermannes. Dieser ist das Auto. Wenn die Musik angeht, starten alle Fahrer ihr Auto und lenken es durch den Raum, ohne ein anderes Auto zu berühren. Anschließend werden die Rollen gewechselt.

Schalten Sie dann die Rock'n'Roll-Musik ein, und lassen Sie die Kinder nun etwas schneller spielen. In dieser Runde dürfen die Autos auch anstoßen und zusammenstoßen, natürlich ohne einander wehzutun.

Variation

Einige Kinder stellen sich als Hindernisse im Raum auf, um die man herum fahren muss, ohne sie anzurempeln.

Sag doch mal

Fällt es dir schwer, dich von jemandem führen und bestimmen zu lassen? Wie ist es, wenn der andere etwas anderes will als wir?

Musik-Tipp

Ugarte, Enrique. Valse musette de Paris. Die Prinzessin des Akkordeons. 2000. Arc Music
Haley, Bill. Greatest Hits. Razzle, Dazzle. 2006. Prime Cuts

Schüttelbär

Thema: sich auf die Gefühle des anderen einstellen
Alter: ab 4 Jahre
Gruppengröße: ab 6 Kinder
Material: rote, gelbe und grüne Klebepunkte oder Fingerfarben

So geht's

Bevor Sie mit dem Spiel starten, sollten Sie mit den Kindern eine kleine Vorübung machen: Jedes Kind darf der Spielleitung mal die Hand schütteln und zeigen, wie fest es diese schütteln kann. So können Sie einschätzen, ob ein Kind vielleicht schon so viel Kraft hat, dass es einem anderen wehtun könnte. Dann legen Sie los.

Jedes Kind wählt einen Klebepunkt aus, der markiert, wie stark ihm die Hand geschüttelt werden darf: Grün = gummibärenstark, Gelb = teddybärenstark und Rot = oberbärenstark. Wenn jedes Kind den Klebepunkt auf seine Hand geklebt hat, wird ein Kind zum Schüttelbären bestimmt. Der Schüttelbär schläft und schnarcht in seiner Höhle, und die übrigen Kinder schleichen sich an. Wenn sie fast bei ihm sind, rufen sie:
„Schüttelbär, du schnarchst so sehr,
du kriegst uns sowieso nicht mehr!"

Der Schüttelbär springt auf wie der Blitz und jagt die Kinder, bis er eines gefangen hat. Die Kinder bilden einen Kreis um die beiden, und jetzt darf der Schüttelbär diesem Kind die Hand schütteln.

Wie stark er die Hand schütteln darf, ist durch den Farbpunkt geregelt, den die Kinder sich vorher ausgesucht haben. Das Kind, dem die Hand geschüttelt wurde, ist der nächste „Schüttelbär".

Praxis-Tipp

Jedes Kind kann nur einmal der Schüttelbär sein. Wenn es wieder gefangen wird, bestimmt es den nächsten Schüttelbären.

Sag doch mal

War es schwer, sich an die Abmachung zu halten? Wie kommt es, dass der eine so gerne doll geschüttelt wird und der andere weniger?

Der blinde Wäscheklammer-Mann

Thema: Spannung aushalten, sich selbst regulieren
Alter: ab 4 Jahre
Gruppengröße: ab 6 Kinder
Material: Papier- oder Schaumstoffrolle, Wäscheklammern, Schlafmaske

So geht's

Die Kinder sitzen im Kreis und sind mucksmäuschenstill. Der blinde Wäscheklammer-Mann sitzt in der Mitte des Kreises auf einem Hocker. An seiner Kleidung sind Wäscheklammern angebracht. In der Hand hat er eine Papier- oder Schaumstoffrolle.

Seine Augen sind geschlossen, oder er hat eine Schlafmaske auf.

Geben Sie einem Kind aus der Runde ein Zeichen. Dieses schleicht sich an und versucht, eine Wäscheklammer zu stibitzen. Sobald der blinde

Wäscheklammer-Mann etwas hört, darf er mit der Rolle um sich schlagen. Gelingt es dem Kind, die Klammer zu bekommen, ohne getroffen zu werden, kommt das nächste Kind und versucht sein Glück. Wird das Kind getroffen, ist es der neue Wäscheklammer-Mann.

Praxis-Tipp

Das Spiel ist ein echtes Spaßspiel, auch weil man mal hauen darf. Manchmal lassen sich die Kinder extra treffen, weil sie Wäscheklammer-Mann sein wollen. Dann ist es sinnvoll, zwei Mannschaften zu bilden, die gegeneinander spielen. Die Mannschaft, welche die meisten Klammern erbeutet, hat gewonnen.

Schattenlaufen

Thema: Führung übernehmen, sich auf jemand einstellen können
Alter: ab 4 Jahre
Gruppengröße: beliebig
Material: CD-Player, Gong oder Trillerpfeife

So geht's

Bilden Sie Zufallspaare, z. B. durch Bildkärtchen. Je eines der Kinder übernimmt die Führungsrolle, das andere ist sein Schatten. Das Kind, das die Führung hat, geht zur Musik vorneweg und gibt die Bewegungen vor. Das andere Kind geht hinter ihm her und versucht, als Schatten so synchron wie möglich die gleichen Bewegungen auszuführen. Auf Ihren Gongschlag hin rennt der Schatten davon und wird von seinem „Anführer" wieder eingefangen. Dann werden die Rollen getauscht.

Wechseln Sie zwischendurch ruhig mal die Musik. Es ist interessant, zu sehen, wie sich dadurch die Bewegungen der Kinder verändern.

Praxis-Tipp

Am Anfang versuchen die Kinder gerne, ihren Schatten zu „flippen", indem sie sehr schnelle, kaum nachzuvollziehende Bewegungen machen. Es hilft, wenn Sie die Übung zusammen mit einem Kind vormachen. So können die Kinder den Sinn und den Spaß verstehen. Es hat sich auch bewährt, eine Hälfte der Gruppe zuschauen zu lassen. Wenn Sie den Kindern eine große Freude machen wollen, zeichnen Sie die ganze Aktion mit einer Videokamera auf und zeigen das Video im Anschluss.

Musik-Tipp

Putumayo. Rock & Roll Playgrond. Jump up. 2010. Putumayo/Exil (Indigo)

Sei mutig, zeig' deine Angst!

> *„Wenn einer keine Angst hat,*
> *hat er keine Phantasie."*
> *Erich Kästner*

Praxis-Tipp

Wir neigen dazu, Kindern in bestimmten Situationen zu sagen: „Du brauchst keine Angst zu haben." Das Kind aber spürt die Angst. Dadurch bringen wir ihm bei, dass sein Gefühl falsch ist. Es lernt, seinem eigenen Gefühl zu misstrauen. Das kann in heiklen Situationen, in denen die Angst das Kind schützen würde, kontraproduktiv sein. Es ist eine hohe Anforderung bei den großen Gruppen, mit denen Sie arbeiten, auf starke Gefühle von Kindern individuell einzugehen. Wenn Sie es trotzdem schaffen, helfen Sie den Kindern, zu lernen, dass Angst nicht nur blockierend, sondern auch Schutz und Antrieb sein kann.

Kleine Check-Liste für den Umgang mit Angst

- Erfragen Sie, worin die Angst genau besteht.
- Machen Sie deutlich: Es ist auch o. k. vor etwas Angst zu haben, vor dem andere keine Angst haben.
- Angst haben ist nicht blöd, sondern kann uns schützen.
- Sprechen Sie die körperlichen Symptome, wie Herzklopfen, Zittern oder Blockaden an, damit das Kind weiß, dass es allen Menschen bei Angst so geht.
- Erinnern Sie das Kind an etwas, das es schon geschafft hat.
- Begleiten und ermutigen Sie das Kind so lange, bis es sich die Sache alleine zutraut.
- Erzählen Sie, wie Sie sich selbst bei Angst verhalten.
- Verleihen Sie die Tapferkeitsmedaille, wenn das Kind seine Angst überwunden hat.
- Schenken Sie dem Kind einen Talisman, der es an eine Mut-Situation erinnert.
- Erfinden Sie mit dem Kind einen frechen Mutspruch. Zum Beispiel:
  „Angst, Angst, Angst
  klopft an mein Haus.
  Ich strecke ihr
  die Zunge raus.
  Ich hau ihr eins
  auf die Nuss.
  Blöde Angst,
  jetzt ist mal Schluss!"

Angsthase – Pfeffernase

Thema: den Spottvers entkräften, zu seiner Angst stehen
Alter: ab 4 Jahre
Gruppengröße: beliebig
Material: keines

So geht's

Die Kinder teilen sich in Angsthasen und Pfeffernasen. Sie bilden zwei Reihen, die sich gegenüber stehen. Gemeinsam sprechen Sie nachfolgenden Text und begleiten ihn mit den entsprechenden Bewegungen.

Sprechen	Begleiten
Die Angsthasen-Reihe Der Angsthase sagt zur Pfeffernase: „Du bist einfach toll! Wenn dir mal einer blöd kommt, niest mit Pfeffer du ihn voll."	*Die Pfeffernasen-Reihe niest.*
Die Pfeffernasen-Reihe Die Pfeffernase sagt ganz still: „Was mir an dir gefällt, ist, dass du Haken schlagen kannst, du bist mein großer Held!"	*mit schüchterner Stimme sprechen* *Die Angsthasen-Reihe stellt sich in Siegerpose.*
Alle zusammen Angsthase und Pfeffernase sind ein verliebtes Paar. Zusammen sind sie mutig, glaub mir, das ist wahr! Und jetzt … der Angsthasen-Pfeffernasen-Mut-Schrei!	*Die beiden Reihen gehen langsam aufeinander zu. Bei „Das ist wahr!" schnappt sich jedes Kind eines aus der anderen Reihe. Sie nehmen sich an den Händen, rennen los, so schnell sie können, und machen dabei den Mut-Schrei.*

Sag doch mal

Warum lachen wir jemanden aus, der Angst hat?

Paul hat Angst

Thema: Umgang mit Angst, die Angst aus der Tabu-Zone holen
Alter: ab 4 Jahre
Gruppengröße: beliebig
Material: eine Handpuppe

So geht's

Stellen Sie den Kindern die Handpuppe vor, und beginnen Sie, zu erzählen:

Das ist Paul. *(Zeigen Sie die Puppe)*

Los, komm Paul, wir erzählen den Kindern mal, wie es dir geht. *(Paul flüstert Ihnen etwas ins Ohr).*

Also gut, ich erzähle es, der Paul geniert sich nämlich. Habt ihr eine Ahnung, warum? *(Pause)*

Weil er Angst hat! *(Sie flüstern.)*

Zum Beispiel hat er Angst, wenn die Mama morgens im Kindergarten weg geht. Oder abends im Bett, vor den Schatten an der Wand. Oder wenn er einen Hund sieht.

Mal unter uns *(schauen Sie die Kinder verschwörerisch an)*, ich vermute, dass er noch vor viel mehr Sachen Angst hat. Stimmt's, Paul? *(Die Puppe dreht sich verschämt weg.)*

Wovor könnte Paul denn noch Angst haben? *(Lassen Sie die Kinder antworten. Bei allem, was die Kinder aufzählen, nickt die Puppe.)*

Oh ja, es gibt wirklich viele Gründe, Angst zu haben. Ich habe zum Beispiel Angst vor … *(Erzählen Sie etwas von sich.)*

Habt ihr auch manchmal Angst? *(Lassen Sie die Kinder antworten.)*

Mensch, Paul! Jetzt haben die Kinder soviel erzählt, nun bist du aber mal dran. Na los!

Paul beginnt endlich zu erzählen:

Sprechen

Mal kommt die Angst auf leisen Pfoten.
Sie schleicht um mich herum.
In meinem Hals spür' ich 'nen Knoten.
Mein Magen dreht sich um.
Kennt ihr das?

Refrain:
Wenn du Angst hast, ruf' laut: „Ich habe Angst!"
Wenn du Angst hast, ruf' laut: „Ich habe Angst!"
Ja, du kannst es allen zeigen, und du musst es nicht verschweigen.
Wenn du Angst hast, ruf' laut: „Ich hab' Angst!"

Mal kommt die Angst wie ein Vulkan.
Ganz plötzlich bricht sie aus.
Vor Schreck halt' ich die Luft dann an.
Kein' Ton krieg ich mehr raus.
Kennt ihr das?

Refrain
Wenn du Angst hast, atme mal tief durch!
Wenn du Angst hast, atme mal tief durch!
Ja, du kannst es allen zeigen und du musst es nicht verschweigen
Wenn du Angst hast, atme mal tief durch!

Begleiten

flüstern und pantomimisch auf leisen Pfoten schleichen

die Hände vor dem Magen drehen

*Auf die Melodie von „Von den blauen Bergen kommen wir" singen alle zusammen.
Alle rufen jedes Mal laut: „Ich habe Angst!"*

sehr laut sprechen

die Luft anhalten

den Mund bewegen, als wenn man sprechen will, aber nicht kann

Alle atmen tief durch, sooft die Stelle kommt.

Manege frei – der Gefühlszirkus kommt

Sprechen	Begleiten
Mal kommt die Angst ganz ohne Grund. und ich weiß gar nicht, warum? Dann schäm' ich mich und halt den Mund.	*ratlos die Schultern zucken und die Finger vor den Mund halten*
Mein Herz klopft laut bum bum bum bum. Kennt ihr das?	*Herzklopfen andeuten*
Refrain Wenn du Angst hast, zappel sie mal weg! Wenn du Angst hast, zappel sie mal weg! Ja, du kannst es allen zeigen, und du musst es nicht verschweigen. Wenn du Angst hast, zappel sie mal weg!	*Alle zappeln, sooft der Satz kommt.*

Variation

Teilen Sie die Gruppe, die eine Hälfte spielt Paul, die andere Hälfte gibt die Ratschläge. Dabei können Sie beliebig Strophen auslassen oder dazu erfinden.

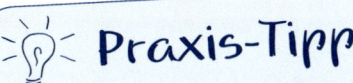

Praxis-Tipp

Der Refrain passt auf die Melodie „Von den blauen Bergen kommen wir".

Siebeneinhalb Affen

Thema: Angst thematisieren
Alter: ab 4 Jahre
Gruppengröße: beliebig
Material: ein Kuscheltier-Affe

So geht's

Die Kinder bilden einen Stehkreis und sprechen gemeinsam den Text. Immer ein Kind spielt den Affen und sagt: „Ich habe Angst, ich gehe lieber heim." Dabei reicht es den Affen an das nächste Kind weiter.

Sprechen	Begleiten
Siebeneinhalb Affen, die wollten mal laut schrei'n. Einer sagt: „Ich habe Angst, ich gehe lieber heim!	den Affen weiterreichen
Sechseinhalb Affen, die wollten mal laut schrei'n. Einer sagt: Ich habe Angst, ich gehe lieber heim!	den Affen weiterreichen
Fünfeinhalb Affen, die wollten mal laut schrei'n. Einer sagt: Ich habe Angst, ich gehe lieber heim!	den Affen weiterreichen
Viereinhalb Affen, die wollten mal laut schrei'n. Einer sagt: Ich habe Angst, ich gehe lieber heim!	den Affen weiterreichen
Dreieinhalb Affen, die wollten mal laut schrei'n. Einer sagt: Ich habe Angst, ich gehe lieber heim!	den Affen weiterreichen

Sprechen	Begleiten
Zweieinhalb Affen, die wollten mal laut schrei'n. Einer sagt: Ich habe Angst, ich gehe lieber heim!	*den Affen weiterreichen*
Eineinhalb Affen, die wollten mal laut schrei'n. Einer sagt: Ich habe Angst, ich gehe lieber heim!	*den Affen weiterreichen*
Ein halber Affe war plötzlich ganz allein. Der hatte keine Angst, 1–2–3 und 1–2–3 und 1–2–3 erfand er den Gorilla-Schrei!	*mit den Händen auf der Brust trommeln und immer lauter werden* *auf die Brust trommeln und schreien, dass die Wände wackeln*

Extra-Tipp für Sie:
So bleiben Sie auf dem Teppich

„Wenn der eine nicht will, können zwei nicht streiten."
Isländisches Sprichwort

Wie verhalten Sie sich spontan in gefühlsstarken Situationen, zum Beispiel, wenn eine aufgebrachte Mutter Sie mit einem Tür- und Angel-Gespräch überrumpelt. Greifen Sie an? Flüchten Sie? Stellen Sie sich tot? Rechtfertigen Sie sich? Wenn Sie merken, ein Gefühl überschwemmt Sie, nutzen Sie die Überlebensstrategie, die Taucher in brenzligen Situationen anwenden: Stoppen! Atmen! Denken! Handeln!

Stoppen!
Lassen Sie die Mutter reden, bis die Luft raus ist. Nehmen Sie Ihr eigenes Gefühl dabei wahr, ohne direkt zu handeln.

Atmen!
Atmen Sie kontrolliert tief ein und aus. Das lässt Sie ruhig werden und löst eine mögliche Blockade.

Denken!
Was ist Ihr Ziel? Der Mutter eine Grenze zu setzen? Sie zu verstehen? Die Situation zu entschärfen?

Handeln!
Handeln Sie gemäß Ihrer Zielsetzung, zeigen Sie Verständnis, und bieten Sie gegebenenfalls einen neuen Gesprächstermin an.

Jetzt ist Ihre Handlung überlegt, und Sie meistern die Situation professionell.

Buch-Tipp

Berckhan, Barbara: „So bin ich unverwundbar. Sechs Strategien, souverän mit Ärger und Kritik umzugehen". Heyne Verlag, 2004

Hoppla, jetzt komm' ich!

*„Möchten hätten wir schon wollen,
doch dürfen haben wir uns nicht getraut."
Karl Valentin*

„Hoppla, jetzt komm' ich!" ist der Titel eines Schlagers aus dem Jahr 1932, und es ist auch eine Lebenshaltung. Wie gefällt sie Ihnen? An dieser Stelle zwinkere ich Ihnen im Geist etwas provokant zu, weil ich aus Erfahrung weiß, dass dieser eindeutige Anspruch auf Präsenz nicht immer gerne gesehen wird.

Aus der Praxis

Mara, 5, hat viele Ideen, übernimmt ungehemmt Führung und liebt es, im Rampenlicht zu stehen. Peter, 5, in derselben Gruppe, ist still, zuvorkommend, man könnte auch sagen, überangepasst. Wer von beiden bekommt wohl den Löwenanteil an Aufmerksamkeit? Sie können es sich denken. Das Team verwendet viel Zeit darauf, Mara klar zu machen, dass sie sich nicht so wichtig nehmen soll. Und der Grund dafür? „Keiner von uns kann Mara verstehen", erzählt die Erzieherin, die den Fall vorstellt. „Wir alle finden es ganz schrecklich, im Mittelpunkt zu stehen."

Danke für die Offenheit! Bei den folgenden Spielen übt Mara, auch mal andere zu Wort kommen zu lassen, und Peter lernt, eine eigene Meinung zu äußern.

1. Bühne frei!
2. Ja! Nein! Vielleicht?
3. Trau dich – auch wenn's mal daneben geht!

Extra-Tipp für Sie:
Ruhe bewahren im Rampenlicht

Bühne frei!

„Wir Menschen sind alle kleine Würmchen –
aber ich fühle mich wie ein Glühwürmchen."
Winston Churchill

Der helle Stern und die graue Maus

Thema: sich die eigene Ausstrahlung bewusst machen, Mut haben, sich zu zeigen
Alter: ab 4 Jahre
Gruppengröße: beliebig
Material: CD-Player

So geht's

Die Kinder stehen sich in zwei Reihen gegenüber. Die Kinder der einen Reihe sind die „hellen Sterne", die funkeln und glitzern. Die anderen sind die „grauen Mäuse", die sich am liebsten verkriechen möchten und von den Sternen gerettet werden. Im Anschluss werden die Rollen gewechselt.

Sprechen	Bewegen
Die hellen Sterne	
Heut' strahl ich wie ein heller Stern,	*Arme nach oben strecken*
aufrecht, groß und schön!	*Arme weit zur Seite öffnen, sich einmal drehen*
Ich funkel' für mein Leben gern, ihr könnt mich alle sehen!	*Arme öffnen – sich präsentieren*

Sprechen	Bewegen
Die grauen Mäuse Versteck mich wie 'ne graue Maus, ganz leise piepsig klein. Heute geh' ich gar nicht aus dem Haus, will gern alleine sein.	*mit piepsiger Stimme sprechen und die Schultern hochziehen, in die Hocke gehen und den Kopf senken*
Die hellen Sterne Graue Maus, komm heraus, und gib mir deine Pfote, äh- Hand! Wir fliegen in die Welt hinaus ins Sternen-Glitzer-Land.	*Jeder „Stern" geht auf eine „Maus" zu, nimmt sie an der Hand und zieht sie aus der Hocke nach oben. Die Musik geht an, und alle tanzen.*

Sag doch mal

Wann ist man ein funkelnder Stern, und wann ist man die graue Maus? Woran merkt man, ob man funkelt?

Praxis-Tipp

Sie können das Spiel als Vorübung nutzen, wenn Sie mit den Kindern etwas aufführen möchten. Aber auch, wenn ein Kind sich klein macht und verschüchtert ist, erinnern Sie es daran, wie es im Spiel ein funkelnder Stern war. Besonders schön ist es, wenn Sie den Kindern, die in die Schule kommen, einen kleinen goldenen Stern als Erinnerung mitgeben.

Musik-Tipp

Haley, Bill. Greatest Hits. Rock around the clock. 2006. Prime Cuts

Die Hexe „Blöderwitz"

Thema: Mut haben, im Mittelpunkt der Aufmerksamkeit zu stehen
Alter: ab 4 Jahre
Gruppengröße: ab 4 Kinder
Material: Hexenhut oder Zauberstab; ein CD-Player

So geht's

Die Kinder gehen zu der Musik durch den Raum und geben einen Hexenhut (oder einen Zauberstab) immer weiter. Stoppen Sie dann die Musik. Das Kind, das den Hut in der Hand hält, wenn die Musik ausgeht, ist die Hexe „Blöderwitz". Es zieht den Hut auf, nimmt den Zauberstab und ruft laut:

„Ich bin die Hexe Blöderwitz.
Verzauber' euch mit meinem Blitz.
Ihr frechen Kinder, steht jetzt still,
und macht blitzschnell – hex –,
was ich will!"

Die Hexe Blöderwitz darf nun entscheiden, wie sich die anderen Kinder bewegen, z. B. wie Gummimenschen, wie Roboter usw.

Dann setzt die Musik wieder ein, und die nächste Runde beginnt.

 ## Musik-Tipp

Los Bobos. La Bamba. La Bamba. 1999. London Records (Warner)

 ## Praxis-Tipp

Wenn es einem Kind schwer fällt, alleine die Hexe zu sein, darf es einen Freund mitnehmen, oder Sie begleiten es.

Augen-Blicke

Thema: Wahrnehmung für die Körpersprache stärken
Alter: ab 5 Jahre
Gruppengröße: ab 8 Kinder
Material: keines

So geht's

Die Kinder stehen im Kreis, ein Kind steht in der Mitte. Die Kinder im Kreis versuchen untereinander, mit einem anderen Kind Augenkontakt herzustellen. Sie nicken sich schweigend zu und wechseln die Plätze. Das Kind in der Kreismitte versucht, einen der Plätze zu erreichen, bevor der Wechsel stattgefunden hat. Gelingt es ihm, geht das Kind in die Mitte, das seinen Platz verloren hat.

Sag doch mal

Gibt es unterschiedliche Blicke? Liebe Blicke? Böse Blicke? Wie sehen die aus?

Die Prinzessin und der Held

Thema: Mut haben, eine „Hauptrolle" zu übernehmen
Alter: ab 4 Jahre
Gruppengröße: ab 8 Kinder
Material: eine Krone für die Prinzessin, eine Krone für den Prinzen, eine Schlafmaske

So geht's

Wir brauchen eine verschleppte Prinzessin, die schön laut jammern kann, viele fauchende Drachen und natürlich einen tapferen Helden.

Die Prinzessin ist von einem wilden Drachen verschleppt worden. Leider kann sie nicht fliehen. Jammernd liegt sie in der Drachenhöhle. Sie kann nur gerettet werden, wenn jemand so mutig ist, mit verbundenen Augen den Weg zur Drachenhöhle zu gehen. Das ist gefährlich, denn auf dem

Weg stehen fauchende Drachen, an denen der Held oder die Heldin vorbei muss, ohne sie zu berühren. Berührt er sie, ist sein Weg zu Ende. Einmal darf er sich den Weg anschauen, dann werden ihm die Augen verbunden. Wenn er die Hand der Prinzessin in seiner hält, hat er sie befreit.

Die Drachen dürfen sich nicht von der Stelle bewegen und müssen laut fauchen, wenn der Held ihnen nahe kommt. Gelingt es dem tapferen Retter, die Prinzessin zu befreien, wird er zum Prinzen gekrönt. Aber selbst wenn es ihm nicht gelingt, alleine der Mut, sich auf den Weg zu begeben, macht ihn zum Helden.

Sag doch mal

Warum sind wir gerne die Prinzessin? Warum sind wir gerne der Held?

Hauptrollen zu vergeben

Thema: Aufmerksamkeit bekommen durch eine Sonderrolle
Alter: ab 4 Jahre
Gruppengröße: beliebig
Material: eventuell kleine Symbole für die jeweilige Rolle

So geht's

Hin und wieder mit seinen Stärken und Vorlieben in einer „Sonderrolle" im Mittelpunkt zu stehen, fördert das Selbstvertrauen und gibt prima Bestätigung. Die Rollen können je nach Bedarf für einen längeren Zeitraum oder aber spontan vergeben werden. Es hat sich bewährt, die meisten der Rollen mit Paaren oder Dreiergruppen zu besetzen.

Nachfolgend stelle ich Ihnen ein paar mögliche Rollen vor

- Die Beobachter-Rolle: Maria ist ein eher ängstliches Mädchen und zieht sich bei wilden Spielen lieber zurück. Um sie aktiv werden zu lassen, bekommt sie die Beobachterrolle. Das heißt, sie steht in einer sicheren Ecke auf einem Stuhl, beobachtet den Spielverlauf und beschreibt ihn uns im Anschluss an das Spiel. So ist Maria beteiligt,

und allen anderen wird deutlich: Wahrnehmen und beschreiben können ist auch eine besondere Fähigkeit.
- Die Paten: Sie helfen Kleineren, sich zurecht zu finden.
- Der kleine Professor: Er darf sein Wissen auch mal in einem Mini-Vortrag zeigen.
- Die Gefahren-Detektive: Sie suchen das Gelände nach gefährlichen Gegenständen ab, sammeln sie ein und führen sie vor.
- Die Streitschlichter: Sie helfen den Kontrahenten sich zu versöhnen. Dafür bekommen sie vorher ein kleines Training, wie das geht.
- Der Grüne-Daumen-Gärtner: Er lässt die Pflanzen wachsen und pflegt sie. Hin und wieder präsentiert er sie in einer Pflanzenshow.
- Der Vorkoster: Er probiert als Erster beim Mittagessen und beschreibt, was er da schmeckt: Süß, salzig, sauer …
- Der Oberassistent: Er ist die rechte Hand der Erzieherin und stets zur Stelle, wenn er gebraucht wird (ein Posten ganz nah an der Macht).
- Die Glücksfee/der Glücksbringer: Sie erzählen uns, was an diesem Tag alles schön ist oder wie wir einen schönen Tag daraus machen.
- Die Musikusse: Sie singen uns ein Liedchen, wählen eine Musik aus, die uns beschwingt, und bedienen den CD-Player.
- Die Ideen-Füchse: Sie schlagen vor, was wir mal Besonderes machen könnten, und sind zuständig, wenn jemand nicht weiter weiß.
- Die Gefühlsfrösche: Sie erklären uns, wie wir heute die Stimmung verbessern könnten.
- Die Tanzmäuse: Sie zeigen uns, was sie im Ballett oder beim Tanzen gelernt haben, und animieren uns zu einem Tänzchen.

Was für Rollen könnten Ihre Kinder begeistern?

Aus der Praxis

Bei dem Projekt „Raufen nach Regeln" haben wir die großen Dauer- und Profiraufer zu Trainern gemacht. Sie waren sehr überrascht, dass das, worauf sie bis jetzt nur negative Reaktionen bekommen hatten, plötzlich eine Fähigkeit sein sollte. Ihre Aufgabe war es zum Beispiel, den kleineren Kindern beizubringen, wie man jemanden „legt", ohne ihm wehzutun. Alle waren happy. Die Kleinen waren stolz, dass die Großen mit ihnen raufen. Und die Großen waren endlich so wichtig, wie sie es schon immer sein wollten.

Ja! Nein! Vielleicht?

*„Leisten wir uns den Luxus,
eine eigene Meinung zu haben!"*
Otto von Bismarck

Was magst du?

Thema: sich ausdrücken können, lernen, miteinander zu reden
Alter: ab 5 Jahre
Gruppengröße: ab 6 Kinder
Material: CD-Player, Memory®-Karten

So geht's

Verteilen Sie die Memory®-Karten an die Kinder, sodass jedes Bild zweimal vorkommt. Die Kinder gehen zur Musik durch den Raum und tauschen ihre Kärtchen untereinander aus. Sobald die Musik stoppt, sucht jedes Kind seinen Partner. Wenn jedes Kind seinen Partner gefunden hat, ruft die Spielleitung eine Frage in den Raum, z. B.: „Was isst du am liebsten?"

Die Kinder tauschen sich über die Frage aus, und wenn die Musik wieder angeht, gehen alle weiter durch den Raum, und das Spiel beginnt von vorn.

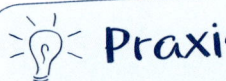

Dieses Spiel eignet sich gut als Kennenlernspiel.

 Musik-Tipp

Arrow. Pop Classics: If money could talk. Hot hot hot. 2006

Das gefällt mir – das gefällt mir nicht!

Thema: sich eine Meinung bilden und sie ausdrücken
Alter: ab 4 Jahre
Gruppengröße: beliebig
Material: zwei verschiedene Smileys

So geht's

Die Kinder sitzen im Kreis. Zwei große Smileys liegen in der Kreismitte. Der eine zeigt ein lachendes Gesicht und steht für „Das gefällt mir!" Der andere hat runter gezogene Mundwinkel und steht für „Das finde ich blöd!". Nun fragen Sie die Kinder z. B., was ihnen am Kindergarten besonders gut gefällt. Das erste Kind nimmt den lachenden Smiley und sagt, was ihm alles gefällt. Anschließend reicht es den Smiley weiter, und das nächste Kind darf antworten. So geht es weiter, bis jedes Kind an der Reihe war. Als Nächstes wird der andere Smiley herumgereicht, und jedes Kind darf sagen, was ihm nicht so gut gefällt. Dann wird die nächste Frage gestellt, und das Spiel beginnt von vorn.

Sag doch mal

Warum ist es gut, zu sagen, was man mag oder nicht mag? Müssen wir eigentlich immer alle dasselbe mögen?

Buch-Tipp

Delfos, Martine F.; Kiefer, Verena: „Sag mir mal …" Gesprächsführung mit Kindern. Beltz, 2011

Deine Geschichte ist es wert, gehört zu werden

Thema: Vertrauen, dass es andere interessiert, was ich erzähle
Alter: ab 4 Jahre
Gruppengröße: ab 4 Kinder
Material: ein Diktiergerät

So geht's

Stellen Sie den Kindern Fragen zu unterschiedlichen Themen, und nehmen Sie die Antworten auf. Zum Beispiel nach einem Spiel, nach einer Geschichte oder einem Bilderbuch, das alle gemeinsam gesehen haben. Am Ende spielen Sie den Kindern ihre Antworten vor. Die Kinder sind sehr aufgeregt und stolz, wenn sie sich selber sprechen hören. Auf diese Art können Sie jedes Thema vertiefen. Das Wissen, sich später selbst in einer Tonaufnahme zu hören, fesselt die Aufmerksamkeit der Kinder und steigert erfahrungsgemäß die Konzentration.

Variation

Erfinden Sie mit den Kindern eine Geschichte. Starten Sie zum Beispiel mit einem Teddybären, und stellen Sie ein paar Fragen: Wieso ist der hier? Wie heißt sein Vater? Warum guckt der so traurig? Usw. Schon sind Sie mitten in einer Geschichte, die die Kinder reihum immer weiter erzählen dürfen.

Praxis-Tipp

Damit nicht alle durcheinander reden, wenn das Diktiergerät läuft, lassen Sie die Kinder am Anfang am besten einmal alle gleichzeitig sprechen. Nehmen Sie den Kuddelmuddel auf, und spielen Sie ihnen die Aufnahme vor. Frage: Könnt ihr euch selber verstehen? Erfahrungsgemäß reicht das, damit bei der nächsten Aufnahme alle, die etwas sagen möchten, der Reihe nach sprechen.

Trau dich – auch wenn's mal daneben geht

*„Wer nie einen Fehler gemacht hat,
hat nie etwas Neues probiert."
Albert Einstein*

Ich möchte Ihnen eine kleine Geschichte erzählen. Sie handelt von dem großen Cellisten Gregor Piatigorsky, der bei seinem ersten Zusammentreffen mit seinem berühmten Cellistenkollegen Pablo Casals eine Beethoven-Sonate spielen sollte. Durch die Aufregung unterliefen ihm dabei immer wieder kleine Fehler, doch Casals war über die Maßen begeistert. Piatigorsky war darüber irritiert und verunsichert und grübelte tagelang, wieso der große Meister, der seine Fehler unmöglich überhört haben konnte, so begeistert gewesen war.

Als die beiden sich Jahre später in Paris wiedertrafen, sprach er ihn schließlich darauf an und äußerte seine Zweifel an der Aufrichtigkeit des ausgesprochenen Lobes. Casals aber nahm sein Cello und spielte die Sonate, und zwar genau mit dem gleichen Fingersatz, wie Piatigorsky sie vor einigen Jahren gespielt hatte. Er sah ihn verschwörerisch an und sagte: „Sehen Sie, das war wunderbar, und ich bin Ihnen heute noch dankbar dafür. Die Fehler zu zählen, können Sie den Dummen überlassen." (frei erzählt nach: Piatigorsky, Gregor; Winter, Else: „Mein Cello und ich und unsere Begegnungen". Deutscher Taschenbuch Verlag, 1998)

Hau sie um!

Thema: Mut haben, etwas auszuprobieren, üben, bis es klappt
Alter: ab 4 Jahre
Gruppengröße: beliebig
Material: eine große Plastikflasche

So geht's

Die Plastikflasche steht auf dem Tisch. Die Kinder stellen sich in einer Reihe auf. Nacheinander rennen sie auf die Plastikflasche zu und versuchen, sie im Vorbeirennen, möglichst ohne zu stoppen, vom Tisch zu hauen. Es gibt immer wieder neue Versuche und Applaus für die Ausdauer.

> ### Praxis-Tipp
> Probieren Sie die Übung mal selber aus. Sie erfordert Mut und Selbstvertrauen. Schüchternen Kindern fällt diese Übung eher schwer.

Öfter mal was Neues

Thema: Mut haben, etwas auszuprobieren
Alter: ab 4 Jahre
Gruppengröße: ab 4 Kinder
Material: Flasche zum Flaschendrehen

So geht's

Dieses Spiel eignet sich für den Abschlusskreis. Die Kinder sitzen im Kreis und sagen zusammen:

„Wir haben gespielt, gelernt und gelacht,
was hast du heute zum ersten Mal gemacht?"

Dann wird die Flasche gedreht, und das Kind, auf das die Flasche zeigt, erzählt. Ermutigen Sie die Kinder, zu erzählen, was sie Neues erlebt haben und wo sich sie etwas getraut haben. Wenn den Kindern nichts einfällt, erzählen Sie, was Sie beobachtet haben.

Sie können auch Ereignisse besprechen, bei denen etwas schief gegangen ist, und gemeinsam mit den Kindern überlegen, was man daraus lernen kann.

Trau dich!

Thema: Mut haben, etwas auszuprobieren
Alter: ab 4 Jahre
Gruppengröße: ab 4 Kinder
Material: keines

So geht's

Was für das eine Kind normal ist, ist für das andere bereits eine Mutprobe. Ermutigen Sie die Kinder, etwas zu wagen, und feiern Sie mit ihnen, wenn sie sich getraut haben. Erfragen Sie, welche Situationen Mut erfordern. Nachfolgend finden Sie eine kleine Auswahl an Situationen, die beim ersten Mal als Mutprobe empfunden werden können:

- alleine einkaufen gehen
- jemanden nach dem Weg fragen
- irgendwo runterspringen
- irgendwo hochklettern
- balancieren
- rückwärts rennen
- laut sein
- alleine im Dunkeln sein
- ein Tier anfassen
- vor der Gruppe sprechen, singen, tanzen

 Praxis-Tipp

Es hilft den Kindern, wenn wir ihnen erzählen, was für uns selbst Mutproben sind und wie viel Überwindung es manchmal kostet, etwas zu wagen.

Extra-Tipp für Sie:
Ruhe bewahren im Rampenlicht

*„Ich versuche nicht, besser zu tanzen als die anderen.
Ich versuche nur, besser zu tanzen als ich selbst."*
Michail Baryschnikow

Sind Sie manchmal aufgeregt, wenn Sie im Mittelpunkt stehen? Zum Beispiel beim Elternabend? Seien Sie froh, dass Sie Ihr Lampenfieber spüren können. Dieses kleine Kribbeln im Bauch verleiht uns Ausstrahlung und ein hohes Maß an Konzentration. Wenn Sie allerdings das Gefühl haben, Ihre Nervosität blockiert Sie, dann finden Sie hier zehn Punkte zur Unterstützung:

1. Bereiten Sie sich gut vor! Sie haben die tolle Chance, Wissen und Werte weiterzugeben.
2. Nehmen Sie Ihre „Hauptrolle" als Gastgeberin/Moderatorin an!
3. Nutzen Sie den Auftritt als Chance für Ihre persönliche Entwicklung! Holen Sie sich Rückmeldung.
4. Vertrauen Sie sich und Ihrer Fachkompetenz! Sie haben einen guten Grund, im Mittelpunkt zu stehen.
5. Ihr „Publikum" will *Sie* sehen. Zeigen Sie ihm, wer Sie sind.
6. Beruhigen Sie sich über Ihren Atem.
7. Freuen Sie sich auf die Leute, die extra zu Ihnen kommen. Sie kommen, um etwas zu erfahren, nicht, um Sie zu bewerten.
8. Gestalten Sie die Veranstaltung so angenehm, dass Sie selbst gern teilnehmen würden.
9. Planen Sie für sich selbst eine Belohnung nach der Veranstaltung.
10. Wenn Sie sehr unsicher sind, besuchen Sie eine Fortbildung zum Thema „Auftreten und Präsentieren".

Übrigens: Wussten Sie, dass die Symptome von Lampenfieber und Frisch-Verliebtsein dieselben sind? Wir bewerten sie nur anders.

Du bist ein schlau-schlauer-Schlauberger!

*„Lernen heißt, entdecken,
was mir möglich ist."
Fritz Perls*

Können Sie sich erinnern, haben Sie als Kind gern gelernt? Wir alle haben nämlich eine Lerngeschichte. Und je nachdem ob wir diese als glücklich oder unglücklich empfinden, ist das Zutrauen in unsere Lernfähigkeit groß oder klein. Es ist keine Seltenheit, dass sich Erwachsene an ihre ersten Lernerfahrungen im Kindergarten erinnern: „Tante Ruth hat mir immer die Schere weggenommen, wenn ich nicht schön ausgeschnitten habe. Ich kann bis heute nicht gerade schneiden." Oder: „Wir hatten im Garten ein großes Feuer. Dort durften wir zusammen mit Lisa, unsere Erzieherin, ausprobieren, was alles brennt. Meinen Hausschuh hat's dabei erwischt, aber das Experiment vergesse ich mein Leben lang nicht!" Hätten Sie gedacht, dass Sie mit Ihrer Arbeit lebenslange Spuren im Lernverhalten der Kinder hinterlassen? Die nachfolgenden Spiele stärken das Vertrauen der Kinder in ihre eigene Lernfähigkeit. Vielleicht macht es Ihnen bei der Gelegenheit Freude, die Auswirkung Ihrer eigenen Lerngeschichte noch mal zu reflektieren? Denn, wie hat der bayerische Komiker Karl Valentin so schön gesagt: „Man kann seine Kinder noch so gut erziehen, sie machen einem doch alles nach."

1. Lernvergnügen ohne Ende.
2. Zeig' uns, was du kannst!
3. Schlauberger trauen sich was zu!

Extra-Tipp für Sie: So halten Sie Ihr Gehirn in Schwung!

Lernvergnügen ohne Ende

*"Wenn wir alle täten, wozu wir im Stande sind,
würden wir uns wahrlich in Erstaunen versetzen."*
Thomas Edison

Mama ist ein Schussel!

Thema: schnell reagieren können, Schusseligkeit
Alter: ab 4 Jahre
Gruppengröße: beliebig
Material: keines

So geht's

Die Kinder setzen sich in einen Kreis. Die Geschichte wird vorgelesen und mit den entsprechenden Bewegungen begleitet. Alle Mitmach-Aktionen sind kursiv gedruckt.

Die Geschichte beginnt an einem Samstagmorgen in einem schönen Haus *(mit beiden Händen ein Dach formen)*. Vater *(Schnurrbart andeuten)*, Mutter *(pantomimisch ein Baby wiegen)* und ihr Kind Franziska *(in die Hocke gehen, sich klein machen)* wollen einen Ausflug machen. Sie packen einen Picknickkorb mit Brötchen, Hühnchen, Tomaten, Eiern, Äpfeln, Birnen, Rettich und Kuchen. Und einer Flasche Saft. Die Sonne *(Sonne andeuten)* scheint, und es soll ein schöner Ausflug werden. Alle sind schon ganz ungeduldig und trippeln von einem Bein auf das andere Bein *(von einem Bein auf das andere treten)*. Vater *(Schnurrbart andeuten)* und Mutter *(pantomimisch ein Baby wiegen)* umarmen sich. Sie packen den Picknickkorb auf den Rücksitz vom Auto *(pantomimisch lenken)* und fahren blitzschnell los. „Diesmal habe ich endlich mal nix vergessen", sagt die Mutter *(pantomimisch ein Baby wiegen)* zufrieden. Franziska *(in die Hocke gehen, sich klein machen)*, hast du auch deinen Teddy *(pantomimisch einen Teddy an die Brust drücken)*?"

Aber auf dem Rücksitz ist keine Franziska *(in die Hocke gehen, sich klein machen)* und schon überhaupt kein Teddy *(pantomimisch einen Teddy an die Brust drücken)*. „Um Himmelswillen!", ruft die Mutter *(pantomimisch ein Baby wiegen).* „Ja um Himmelswillen! Ich Schussel *(Hand gegen die Stirn schlagen)*, Schussel, Schussel, Schussel!

Wir haben ja Franziska *(in die Hocke gehen, sich klein machen)* vergessen. Ich dachte, sie wäre schon im Auto *(pantomimisch lenken)*!" Der Vater *(Schnurrbart andeuten)* macht eine Vollbremsung. „Da will man endlich mal einen schönen Ausflug machen, die Sonne scheint, und du? Du hast das arme Kind *(in die Hocke gehen, sich klein machen)* vergessen!"

Blitzschnell wendet der Vater das Auto *(pantomimisch lenken)* und fährt zurück. Vor dem Haus sitzt Franziska *(in die Hocke gehen, sich klein machen)* in der Sonne *(Sonne andeuten)* mit dem Teddy *(pantomimisch einen Teddy an die Brust drücken)* im Arm und schluchzt. „Um Himmelswillen!" Die Mutter *(pantomimisch ein Baby wiegen)* stürzt auf ihr Kind *(in die Hocke gehen, sich klein machen)* zu. „Mein armes Hühnchen! Hast du Angst gehabt?" „Ja!", heult Franziska, „Ich dachte schon ihr wollt den ganzen Picknickkorb allein aufessen. Und mich habt ihr ganz vergessen!"

Sie heult laut und anhaltend wie eine Sirene.

„Um Himmelswillen, aber nein!" Die Mutter *(pantomimisch ein Baby wiegen)* nimmt sie in den Arm. „Schau, dein Vater *(Schnurrbart andeuten)* parkt schon das Auto. Und du darfst jetzt 5-mal Schussel *(Hand gegen die Stirn schlagen)* zu mir sagen. Da muss Franziska lachen und ruft vergnügt: „Mama ist ein Schussel, Schussel, Schussel, Schussel, Schussel!" *(Hand gegen die Stirn schlagen)*

Blitzschnell kommt der Vater *(Schnurrbart andeuten)* angerannt.

„Hab ich einen Picknickhunger auf den Schreck!", ruft er. „Ab ins Haus, kleine Heulboje."

Die Mutter *(pantomimisch ein Baby wiegen)* packt den Picknickkorb auf dem Wohnzimmerteppich aus.

Und so wurde es doch noch ein schöner Ausflug – nämlich ein Wohnzimmerteppichhausausflug –, der Teddy *(pantomimisch einen Teddy an die Brust drücken)* futterte am meisten, und draußen schien die Sonne *(Sonne andeuten)*, dass es nur so krachte.

Variation

Sie können die Rollen vorab auch verteilen. Immer wenn das entsprechende Wort fällt, muss das Kind die passende Bewegung machen.

Sag doch mal

Seid ihr auch manchmal schusselig? Was passiert einem denn so als Schussel?

Praxis-Tipp

Anhaltende Schusseligkeit kann ein echter Selbstvertrauen-Killer sein und wird verstärkt durch die „Panik-Atmung". Mit den Übungen aus dem Kapitel „Atem-Pause" können Sie schusselige Kinder unterstützen, ihre Aufmerksamkeit zu verbessern.

Das kann ich schon! Das will ich lernen!

Thema: Lernen lernen, sich Fähigkeiten bewusst machen
Alter: ab 4 Jahre
Gruppengröße: beliebig
Material: eine Feder und kleines Geschenkpäckchen

So geht's

Für dieses Spiel benötigen Sie zwei Symbole. Eines für „Das kann ich gut, das fällt mir leicht!" (zum Beispiel eine Feder) und eines für „Das möchte ich können. Das muss ich noch lernen!" (zum Beispiel ein Geschenkpäckchen). Die Kinder bilden einen Kreis. Die Symbole liegen in der Kreismitte. Starten Sie selbst, um die Übung einzuführen. Zeigen Sie z. B. auf die Feder, und sagen Sie: „Ich kann gut zuhören. Das fällt mir ganz leicht." Zeigen Sie dann auf das Geschenkpäckchen, und sagen Sie: „Ich würde gerne lernen, mir Witze zu merken. Wer von euch kann sich gut Witze merken? Wie machst du das? Was kann ich tun, damit mir das in Zukunft besser gelingt?" Sammeln Sie mit den Kindern Vorschläge. Jedes Kind, das möchte, kommt einmal dran und kann sagen, was es gut kann und was es lernen oder üben möchte.

> ### Praxis-Tipp
>
> Manchmal brauchen die Kinder unterstützende Fragen und Anregungen, um ihre Fähigkeiten zu benennen, und manchmal nennen sie Fähigkeiten, die niemand anderes bei ihnen entdecken kann. Nehmen Sie das ohne Kommentar an. Wenn die anderen Kinder ein Kind deshalb auslachen, thematisieren Sie das unter dem Aspekt, dass niemand gut lernt, wenn er Angst haben muss, ausgelacht zu werden.

Der Lernberg

Thema: Mut zum Lernen machen
Alter: ab 4 Jahre
Gruppengröße: beliebig
Material: kleine Gegenstände, die verdeutlichen, was die Kinder schon gelernt haben

So geht's

Die Kinder sitzen im Kreis. Stellen Sie die Frage: „Wisst ihr eigentlich, was ihr bis heute schon alles gelernt habt?" Gemeinsam sammeln Sie nun mit den Kindern ihre Lernerfahrungen auf einem Lernberg, indem Sie für jede einen Gegenstand als Symbol in die Mitte des Kreises legen.

Nachfolgend finden Sie einige Beispiele für Lernerfahrungen und die entsprechenden Gegenstände, die sie symbolisieren könnten:

Essen (Besteck), Trinken (Becher), auf die Toilette gehen (Rolle Klopapier), Schnuller aufgeben (Schnuller), Schuhe anziehen (Schuhe), Schleife binden (Schleife) usw.

Du bist ein schlau-schlauer-Schlauberger!

Sag doch mal

Gibt es Menschen, die alles können? Lernen alle Kinder immer zur gleichen Zeit dasselbe? Wird man eigentlich als Spitzenfußballer geboren?

> ## Praxis-Tipp
>
> Ich habe die Erfahrung gemacht, dass Kinder die Frage: „Was habt ihr bis jetzt gelernt?" erst einmal nicht verstanden haben. Erst als ich sie gefragt habe, was Babys noch nicht können, ist ihnen bewusst geworden, was sie schon alles gelernt haben.

Zeig uns, was du kannst!

*„Man kann einen Menschen nichts lehren,
man kann ihm nur helfen, es in sich selbst zu entdecken."*
Galileo Galilei

Wer kann was?

Thema: Ich kann etwas, was andere interessiert.
Alter: ab 4 Jahre
Gruppengröße: beliebig
Material: keines

So geht's

Jedes Kind hat seine Eigenarten, die sich oft in lustigen Fähigkeiten ausdrücken. Setzen Sie sich mit den Kindern zusammen, und fragen Sie, welche ganz eigenartigen Fähigkeiten sie bei sich oder anderen beobachtet haben. Unterstützen Sie die Kinder durch Ihre eigenen Beobachtungen. Besondere Fähigkeiten können sein:

- ganz schnell sprechen können
- Zungenbrecherweltmeister sein
- ganz tief wie ein Bär und ganz hoch wie eine Micky Maus sprechen können
- schrill schreien können
- mit der Zunge die Nasenspitze berühren können
- ein volles Glas balancieren können, ohne etwas zu verschütten
- sehr beweglich sein, z. B. einen Spagat können
- ein Lied alleine singen
- einen Witz erzählen können
- mit den Ohren wackeln können
- Pirouetten drehen können

Praxis-Tipp

Vielleicht planen Sie mit den Kindern ein kleines Programm, bei dem sie diese eigenartigen Fähigkeiten zeigen können, oder Sie drehen einen kleinen Videofilm, den Sie beim Elternabend zeigen.

Schlauberger trauen sich was zu!

„Lernen zielt nicht allein auf fachliche Befähigung, sondern auf Lebensbefähigung."
Johann Amos Comenius

Alle Jahre wieder … Sie kennen das. Viele ihrer Kinder begleiten Sie seit dem Kleinkindalter. Sie wissen, was sie mögen und was nicht. Sie kennen ihre Lieblingsspiele, und es war Ihnen immer eine Freude, dass diese Kinder sich bei Ihnen unterhalten und aufgehoben fühlen. Doch wie von heute auf morgen ist alles anders. Frühere Lieblingsspiele sind Babyspiele, kleinere Weggefährten sind lästig, und „langweilig" ist das neue Lieblingswort. Das ist nicht immer leicht, oder? Höchste Zeit, dass die

Kleinen in die Schule kommen, und genau der richtige Zeitpunkt, um mit Ihren Vorschulkindern die Schlaubergerbande zu gründen.

Die Schlaubergerbande

Thema: Selbstvertrauen entwickeln, Selbstwirksamkeit spüren
Alter: ab 5 Jahre
Gruppengröße: beliebig
Material: nach Bedarf

So geht's

Setzen Sie sich mit den Vorschulkindern zusammen, und gründen Sie mit ihnen, weil sie sich als oberschlau erwiesen haben und bald in der Schule noch schlauer werden, die Schlaubergerbande. Für die Schlauberger gibt es extra (Lern-)Spiele, sie übernehmen verantwortungsvolle Rollen im Kindergarten (siehe „Hauptrollen zu vergeben"), und sie bekommen Aufgaben, die sie herausfordern. Jeder Schlauberger bekommt einen eigenen Ausweis mit seinem Passbild oder Fingerabdruck.

Die Schlauberger bekommen immer mal wieder Briefe mit Fragen und Aufgaben, von unterschiedlichen Absendern. Außerdem haben sie ihre eigenen Rituale, z. B.:

- den Schlauberger-Gruß: Abklatschen und dazu sagen: „Schlau, schlau!"
- den Schlauberger-Mutspruch: „Ich *(mit beiden Händen auf die Schenkel klatschen)* werd' *(in die Hände klatschen)* es *(mit beiden Händen auf die Schultern tippen)* schaffen *(Arme in der Siegerpose nach oben strecken, wiederholen und dabei immer schneller und lauter werden)*!"

Das Schlauberger-Lied

Thema: Selbstvertrauen entwickeln, Selbstwirksamkeit spüren
Alter: ab 5 Jahre
Gruppengröße: beliebig
Material: keines

So geht's

Am Anfang der Schlauberger-Stunde können Sie mit den Kindern das Schlauberger-Lied singen.

Singen	Begleiten
Jetzt ziehen wir wieder los, hurra,	*im Sitzen laufen*
sind außer Rand und Band, yippie,	*Arme recken*
wir machen uns auf den Weg	*weiter laufen*
ins Schlaubergerland.	
Die Augen weit offen,	*auf die Augen zeigen*
gespitzt das Ohr,	*Hand ans Ohr*
stellen wir schlaue Fragen	*Zeigefinger*
und singen dann im Chor:	
Schlauberger, Schlauberger nah und fern,	*zu einer Fantasiemelodie singen*
kommt mit uns, wir lernen gern!	
Wir halten zusammen und denkt daran,	
wir spielen, üben, lernen, bis jeder etwas kann!	*rhythmisch sprechen*
Denn wir sind schlau, schlau, schlau, schlau, schlau, schlau, schlau!	*laut starten und immer leiser werden*

Du bist ein schlau-schlauer-Schlauberger!

Singen	Begleiten
Wir sind schlau, schlau, schlau, schlau, schlau, schlau, schlau!	*laut starten und immer leiser werden*
Wir sind schlau!	*laut rufen und Arme in Siegerpose*

Schlauberger-Herausforderungen

Thema: Selbstwirksamkeit spüren, Erfahrungen mit sich machen
Alter: ab 5 Jahre
Gruppengröße: beliebig
Material: nach Bedarf

So geht's

Die nachfolgenden Anregungen sind mögliche Herausforderungen, die Sie Ihren Schlaubergern stellen können:

- Erfindet ein Spiel für die Kleinen.
- Bereitet für jemand einen Geburtstag vor.
- Erfindet eine Geschichte.
- Überlegt euch, wie man XY eine Freude machen könnte.

Schlauberger-Spiel: Buchstabendetektive

Thema: Schlauberger erkennen den Anfangsbuchstaben ihres Namens.
Alter: ab 5 Jahre
Gruppengröße: beliebig
Material: Magnetbuchstaben, Luftpostbrief

So geht's

Bereiten Sie das Spiel vor, indem Sie die Magnetbuchstaben im Raum verstecken und den Brief an die Schlauberger schreiben. Dann bilden die Schlauberger einen Kreis. Erzählen Sie den Kindern: „Stellt euch vor, heute Morgen bin ich aufgewacht, und der Anfangsbuchstabe meines Namens war verschwunden. Wie heiße ich denn jetzt?" Lassen Sie die Kinder kurz überlegen. Dann holen Sie den Brief hervor und erzählen weiter: „Und dann habe ich diesen Brief gefunden. In dem Brief steht, dass sich alle Anfangsbuchstaben der Kinder versteckt haben und nur zurückkommen, wenn sie gesucht werden." Fragen Sie jedes Kind, wie es denn nun heißt, ohne Anfangsbuchstaben. Das sorgt sicher für große Gelächter, wenn Peter jetzt Eter und Annika Nnika heißt. Dann flitzen alle Schlauberger los und suchen ihren Anfangsbuchstaben. Wenn sie ihn gefunden haben, kommen sie wieder im Kreis zusammen und zeigen und benennen den Anfangsbuchstaben ihres Namens.

Schlauberger-Projekt: Der Zeitungsladen

Thema: Selbstwirksamkeit spüren, Kreativität entwickeln
Alter: ab 5 Jahre
Gruppengröße: beliebig
Material: alte Zeitungen, nach Bedarf: Scheren, Kleister, Farben, ein Tisch, den man mit einem Tuch zum Marktstand umfunktionieren kann, usw.

So geht's

Die Schlaubergerbande darf für einen bestimmten Zeitraum einen Zeitungsladen aufmachen. Dort bietet sie Produkte oder Spiele an, die sie aus alten Zeitungen selbst hergestellt hat. Eltern und Erzieherinnen können die Produkte eintauschen, zum Beispiel gegen eine kleine Süßigkeit, ein Minipuzzle oder Ähnliches. Zuerst überlegen die Schlauberger: Was kann man mit alten Zeitungen alles machen? Zum Beispiel:

- kleine Bälle formen für eine Ballschlacht oder zum Jonglieren
- zwei Löcher in die Zeitung schneiden, so tun, als ob man liest, und stattdessen jemanden beobachten
- Kraftsport: Wie viele Zeitungen kann ich auf einmal zerreißen?
- den Boden mit einem Zeitungsteppich auslegen
- aus den Zeitungen Pappmaschee anrühren und Figuren formen
- die Bilder ausschneiden und aufkleben
- etwas in den Zeitungen einwickeln
- eine Zeitungsrolle daraus machen und Fechten spielen
- Zeitungskonfetti lochen
- die Bilder weiter malen

Der fliegende Glücks-Teppich

Thema: Schlauberger lösen gemeinsam Probleme
Alter: ab 5 Jahre
Gruppengröße: beliebig, gegebenenfalls die Gruppe teilen
Material: ein kleiner Teppich

So geht's

Erzählen Sie den Schlaubergern die kleine Geschichte von einem fliegenden Glücks-Teppich, den Sie heute Morgen in der Kita gefunden haben. Dieser Teppich wird auch der Schlaubergerbande Glück bringen, aber nur unter einer Voraussetzung: Die Gruppe muss als Team eine schwierige Aufgabe lösen. Sie muss sich so auf den Teppich stellen, dass niemand mehr mit den Füßen den Boden daneben berührt. Nun müssen die Schlauberger es schaffen, die Unterseite des Teppichs nach oben zu drehen, ohne dass jemand den Teppich verlässt oder daneben tritt. Ist das denn überhaupt zu schaffen?

Schlauberger-Theater: Wer kommt denn da?

Thema: sich etwas vorstellen können
Alter: ab 5 Jahre
Gruppengröße: beliebig
Material: keines

So geht's

Teilen Sie die Gruppe in zwei Hälften, die sich rechts und links von der Spielfläche aufstellen. Mit dem Startsignal treffen immer ein Spieler von rechts und ein Spieler von links in der Mitte aufeinander. Es begegnen sich zum Beispiel:

- der Menschenaffe und die Piepsmaus
- die Königin und der Diener
- der Riese und der Zwerg
- die Prinzessin und der Prinz
- der Prinz und der Drache

usw.

Im nächsten Durchgang lassen Sie die Kinder Eigenschaften zu ihren Rollen spielen, zum Beispiel:

- der schüchterne Menschenaffe und die freche Piepsmaus
- die alte Königin und der junge Diener
- der liebe Riese und der böse Zwerg
- die schlaue Prinzessin und der eingebildete Prinz
- der starke Prinz und der ängstliche Drache

Dann tauschen Sie die Rollen und lassen die Kinder unter kleinen Vorgaben aufeinander treffen, zum Beispiel:

- Der starke Prinz und der ängstliche Drache freunden sich an.
- Der Diener ist frech zur Königin.
- Der eingebildete Prinz will die schlaue Prinzessin heiraten, usw.

So kommen Sie einfach zu ein paar kleinen Schlauberger-Theaterszenen. Viel Spaß, bei dem Spiel gibt es immer viel zu lachen!

Du bist ein schlau-schlauer-Schlauberger!

Extra-Tipp für Sie: So halten Sie Ihr Gehirn in Schwung!

„Wer aufhört, zu lernen, ist tot!"
B. B. King

Wie viel Überraschendes, wie viel Neues, wie viel Abenteuer gibt es in Ihrem Leben? Wenn Sie jetzt sagen: „Jede Menge!", dann ist Ihr Gehirn in Schwung und täglich herausgefordert, neue Verknüpfungen und Assoziationsketten herzustellen. Wenn Sie sagen: „Na ja, da ist schon viel Routine in meinem Leben", hat das den Vorzug, dass Sie mit einem Minimum an Gehirnenergie Ihren Alltag bewältigen. Dadurch haben Sie große Kapazitäten für Neues frei. Stürzen Sie sich ins Abenteuer, lassen Sie sich auf überraschende Situationen ein. So bleiben Sie beweglich im Kopf und im Herzen.

Die folgenden Fragen regen Sie vielleicht an, neue Wege auszuprobieren.

- Wie haben Sie sich verändert in den letzten Jahren? Sind Sie noch genau so abenteuerlustig, schüchtern oder ehrgeizig?
- Wenn Sie wählen könnten, was würden Sie am liebsten erleben?
- Besuchen Sie manchmal neue Restaurants, Geschäfte, Bars?
- Lernen Sie neue Menschen kennen?
- Sind Sie fachlich auf dem neuesten Stand?
- Passen Ihre Freunde noch zu Ihnen?
- Stimmt Ihr äußerlicher Auftritt mit Ihrem Selbstbild überein?

Gönnen Sie Ihrem Gehirn Ausflüge auf Neuland, und es wird es Ihnen mit lebenslanger Weiterentwicklung, Beweglichkeit und Handlungsfähigkeit danken.

Buch-Tipp

Katz, Lawrence C.: „Neurobics – Fit im Kopf. 83 Übungen zur Leistungssteigerung des Gehirns". Goldmann, 2001

Für dich soll's Gummibärchen regnen!

*„Liebe ist das Band,
das den Erdkreis verbindet."
Johann Heinrich Pestalozzi*

Hoppla hopp, schon sind wir beim letzten Kapitel angekommen. Erinnern Sie sich noch an den Titel unseres ersten Kapitels: „Wenn's dich nicht gäbe, müsste man dich erfinden!" Ist das nicht eine reine Liebeserklärung? Und auch auf den nächsten Seiten geht es, wenn auch in anderer Form, um die Liebe. Warum? Weil nichts und noch mal nichts uns so viel Kraft und Selbstvertrauen gibt wie ein Mensch, der uns wichtig ist, der uns liebt, an uns glaubt und uns vertraut. Die Liebesfähigkeit von Kindern ist unendlich und reicht über Mama, Papa, Geschwister, Freunde, Oma und Opa hinaus, noch für das Kuscheltier, das zweifelhaft riechende Meerschweinchen und das neue rote Fahrrad, das sie am liebsten mit ins Bett nehmen würden. Diese Liebesfähigkeit zu erhalten und zu bestärken, ist das Ziel des letzten Kapitels. In den folgenden Spielen wird den Kindern bewusst, wie Liebe und Freundschaft in Handlungen erkennbar werden. Zum Beispiel, jemandem zu helfen, eine Freude zu machen, Anteil zu nehmen, sich zu kümmern und natürlich die Gummibärchen zu teilen, in guten wie in schlechten Zeiten!

1. Jeden Tag, eine gute Tat!
2. Ein Freund, ein guter Freund …
3. Liebe ist nicht nur ein Wort.

Extra-Tipp für Sie: Helfen – immer – im Rahmen der eigenen Möglichkeiten

Jeden Tag eine gute Tat!

„Einer für alle, alle für einen!"
Alexandre Dumas

Bodyguard

Thema: Selbstwirksamkeit spüren, jemanden beschützen
Alter: ab 5 Jahre
Gruppengröße: beliebig
Material: eine coole Sonnenbrille, CD-Player, Softball

So geht's

Die Gruppe bildet einen großen Kreis. Zwei Kinder stehen in der Mitte. Eines ist der Star, der beschützt werden soll. Das andere ist der Bodyguard mit der coolen Sonnenbrille. Die Kinder im Kreis drum herum werfen sich den Softball zu und versuchen, den Star zu treffen. Der Bodyguard wehrt den Ball ab. Wenn der Star getroffen ist, reiht er sich wieder in den Kreis ein. Das Kind, das getroffen hat, bekommt die coole Sonnenbrille und wird der neue Bodyguard. Der alte Bodyguard wird zum Star und wird beschützt.

Musik-Tipp

Pussycat Dolls. Buttons (Single). 2006. Universal

Sag doch mal

Wer hat schon mal jemanden beschützt? Wen und warum?

Schutzengel

Thema: Selbstwirksamkeit spüren, jemanden beschützen
Alter: ab 3 Jahre
Gruppengröße: 5 Kinder
Material: keines

So geht's

Für dieses Spiel nehmen sich drei Kinder an den Händen und bilden einen kleinen Kreis. Sie sind die Schutzengel. Innerhalb des Kreises steht ein Kind, das ist der Schützling. Das fünfte Kind spielt den „Fiesling". Es geht um den Kreis herum und versucht, den Schützling zu ärgern. Die Schutzengel müssen das verhindern, ohne die Hände loszulassen. Wenn der „Fiesling" es schafft, den Schützling zu berühren, hat er gewonnen. Dann werden die Rollen neu verteilt.

Den Zwerg beschützen

Thema: Selbstwirksamkeit spüren, jemanden beschützen
Alter: ab 4 Jahre
Gruppengröße: beliebig
Material: einen Hut für den Zwerg, einen Hut für den Riesen

So geht's

Die Gruppe wählt einen Zwerg und einen Riesen, wobei der Zwerg keineswegs der kleinste oder der Riese der Größte in der Gruppe sein muss. Der Riese ist hungrig und will den kleinen Zwerg fressen. Die Gruppe hat die Aufgabe, den Zwerg zu beschützen. Dabei muss die Gruppe dauernd in Bewegung sein. Der Zwerg kann sich mitbewegen, muss aber aufrecht stehen bleiben. Wenn es dem Riesen gelingt, den Zwerg zu berühren, hat er ihn „gefressen", und die Rollen werden neu verteilt.

Praxis-Tipp

Wenn die Gruppe sehr groß ist, können die Kinder auch zwei Riesen bestimmen.

Sag doch mal

Hat der Zwerg sich beschützt gefühlt?

Die gemeine Schneekönigin

Thema: Selbstwirksamkeit spüren, jemandem helfen
Alter: ab 3 Jahre
Gruppengröße: beliebig
Material: keines

So geht's

Dieses Spiel eignet sich für den Winter. Die Kinder sind Schneeflocken, tanzen durch den Raum und singen: „Schneeflöckchen, Weißröckchen woher kommst du geschneit? Du kommst aus den Wolken, dein Weg ist so weit!" Die Schneekönigin steht am Rand und guckt zu. Ist die Strophe zu Ende, rennt die Schneekönigin los. Jede Schneeflocke, die sie antippt, geht in die Hocke und verwandelt sich in einen traurigen Eiswürfel. Jeder Eiswürfel kann nur aufgetaut werden, wenn sich drei mutige Schneeflocken-Kinder um ihn herum stellen, sich an den Händen fassen und dreimal „Tau-Tau-Tau!" rufen. Während sie das tun, sind sie vor der Schneekönigin sicher und können nicht verwandelt werden.

Ein Freund, ein guter Freund

*„Ein Freund, ein guter Freund,
das ist das Schönste, was es gibt auf der Welt!
Ein Freund bleibt immer ein Freund,
auch wenn die ganze Welt zusammenfällt ..."*
Comedian Harmonists

Wir halten zusammen

Thema: Gemeinschaftsgefühl stärken, Schwächere mittragen
Alter: ab 4 Jahre
Gruppengröße: beliebig
Material: CD-Player

So geht's

Die Kinder bilden Kreise mit jeweils etwa fünf Kindern. In dem einen Kreis sind die Pink Flamingos, in dem anderen die dünnen Störche und in dem dritten die hellen Kraniche. Alle Kinder im Kreis stehen auf einem Bein. Der Kreis balanciert sich so aus, dass alle im Gleichgewicht bleiben. Welcher Kreis bleibt am längsten stehen, ohne dass ein Kind das zweite Bein absetzt?

Variation

Bei standfesten Kindern können Sie ein „Einbein-Wetthüpfen" veranstalten. Der Gewinnerkreis erreicht das Ziel, ohne dass jemand das Bein absetzt.

Musik-Tipp

Putuymayo. African Playground. Sing Lo-Lo. 2003. Putumayo/Exil (Indigo)

Immer lauter, immer lauter ...

Thema: Gemeinschaftsgefühl stärken
Alter: ab 4 Jahre
Gruppengröße: beliebig
Material: keines

So geht's

Dieses Spiel ist ein prima Ritual für den Morgen- oder Abschiedskreis. Die Kinder stehen eng in einem Kreis und legen sich gegenseitig die Arme um die Schultern. Gemeinsam zählen sie von eins bis zehn. Erst ganz leise, dann immer lauter. Bei zehn zählen alle wieder rückwärts, bis alle wieder ganz leise sind.

Hilf mir, Kumpel!

Thema: um Hilfe bitten, Freundschaft spüren
Alter: ab 4 Jahre
Gruppengröße: beliebig
Material: keines

So geht's

Die Kinder gehen einzeln durcheinander durch den Raum. Ein Kind ist das Krokodil. Zum Zeichen hat es ein Krokodil-Plüschtier in der Hand. Das Krokodil jagt die übrigen Kinder. Gelingt es dem Krokodil, ein Kind mit dem Plüschtier anzutippen, übernimmt dieses das Plüschtier und wird zum neuen Krokodil. Das Krokodil wechselt also dauernd, und man muss gut aufpassen, vor wem man sich in Acht nehmen muss. Wenn das Krokodil kommt, kann man sich aber auch retten. Man streckt Hilfe suchend seine Hand aus und ruft: „Hilf mir, Kumpel!" Sobald man mit einem anderen Kind Hand in Hand ein Paar bildet, kann einem das Krokodil nichts mehr tun. Ist die Gefahr vorüber, lösen sich die beiden Kinder wieder voneinander und gehen einzeln weiter.

Sag doch mal

Fällt es dir leicht, Hilfe anzunehmen? Ist es einfach, jemandem zu helfen? Ist man stark, auch wenn man Hilfe animmt?

Gnom-Jäger!

Thema: Zusammenhalt stärken
Alter: ab 4 Jahre
Gruppengröße: ab 10 Kinder
Material: keines

So geht's

Teilen Sie den Kindern in der Gruppe Rollen zu. Es gibt drei „Gnom-Jäger" und einen „Verhinderer". Die anderen Kinder sind fiese, kleine Gnome, die nur Unheil anrichten. Sie rennen herum, ziehen Fratzen und singen Spottverse. Ziel der drei „Gnom-Jäger" ist es, alle Gnome zu versteinern. Dazu müssen sie einen Gnom fangen, zu dritt in die Luft heben, abstellen und „Steintrottel" rufen.

Ein „Steintrottel" kann von einem Gnom durch Antippen befreit werden. Das verhindert der „Verhinderer". Er rennt herum und tippt jeweils den Gnom an, der den „Steintrottel" befreien will.

Dadurch erstarrt dieser, die „Gnom-Jäger" machen ihn zum „Steintrottel", und die Jagd geht weiter. Haben die Vier es gemeinsam geschafft, alle Gnome zu versteinern, gibt es ein cooles Abklatschen untereinander. Sind noch Gnome übrig, gibt es allgemeinen großen Applaus für Ausdauer von allen.

Was mache ich, wenn …?

Thema: für jemanden mitdenken, Handlungsfähigkeit entwickeln
Alter: ab 4 Jahre
Gruppengröße: beliebig
Material: keines

So geht's

Bilden Sie mit den Kindern einen Kreis, und beginnen Sie zusammen mit einem Frage-Antwort-Spiel: „Heute brauche ich euren Rat. Wisst ihr eigentlich, dass ich mich ziemlich oft verlaufe? Wenn ich mich verlaufen habe, was kann ich denn machen, um trotzdem an mein Ziel zu kommen?" Nun sammeln Kinder Ideen. Gemeinsam überlegen Sie, was Sie davon umsetzen können. Sie bedanken sich und fragen weiter: „Wer von euch hat denn auch eine Frage? Hier sind so viele schlaue Köpfe zusammen, da finden wir bestimmt eine Antwort." Die nächste Frage wird gestellt, und wieder suchen die Kinder nach Lösungen. Falls keine Fragen oder Lösungsvorschläge kommen, lassen Sie die Kinder immer zu zweit überlegen. Oder Sie bieten Fragen an, z. B.:

- Was kann man tun, wenn man im Kaufhaus verloren geht?
- Was kann man tun, wenn man nachts aufwacht und Angst hat?
- Was kann man tun, wenn man etwas gemacht hat, wofür man sich schämt?
  usw.

 Praxis-Tipp

Die Übung eignet sich als Ritual. Jeden Tag wird für eine Frage nach Lösungen gesucht. Unter Umständen braucht es ein bisschen Geduld, bis die Übung funktioniert, aber es lohnt sich.

Liebe ist nicht nur ein Wort

*„Es ist mit der Liebe wie mit den Pflanzen:
Wer Liebe ernten will, muss Liebe säen."*
Albert Bitzius

Ich mag dich so!

Thema: jemandem zeigen können, dass man ihn mag
Alter: ab 2 Jahre
Gruppengröße: beliebig
Material: CD-Player

So geht's

Dieses Spiel eignet sich gut für eine Begrüßungs- oder Abschiedssituation. Schalten Sie die Musik ein, und lassen Sie die Kinder im Raum durcheinander gehen. Wenn die Musik aus geht, sucht sich jedes Kind einen Partner und stellt sich ihm gegenüber. Nun sprechen die Partner folgenden Text und begleiten ihn mit den entsprechenden Bewegungen.

Sprechen	Begleiten
Ich tipp dir auf die Nasenspitze	*dem Partner auf die Nasenspitze tippen*
und wackel mit dem Po.	*mit dem Po wackeln*
Darf ich dich mal ganz doll drücken?	
Denn ich mag dich so!	*umarmen*

Dann geht die Musik wieder an. Alle gehen wieder durcheinander, und die nächste Runde beginnt.

Für dich soll's Gummibärchen regnen

Thema: jemandem helfen, sich besser zu fühlen
Alter: ab 3 Jahre
Gruppengröße: beliebig
Material: eventuell eine Decke, eventuell Gummibärchen

So geht's

Wenn ein Kind traurig ist, wenn es sich klein und niedergeschlagen fühlt, dann kann es darum bitten, dass die anderen für es „Gummibärchen regnen" lassen. Dafür setzen sich alle in einen Kreis.

Das zu tröstende Kind sitzt, wo es am liebsten sitzen will, und wenn es mag, kann es sich auch in eine Decke wickeln. Die anderen Kinder sagen ihm jetzt, was ihnen an ihm gefällt. Das können Äußerlichkeiten sein, zum Beispiel der schöne rosa Pullover oder die Haare. Das können aber auch Eigenschaften oder Fähigkeiten sein.

Dann singen Sie gemeinsam mit den Kindern das „Gummibärchenregen-Lied".

„Für dich soll's Gummibärchen regnen,
und tausend Wunder soll'n dir begegnen.
Für dich würden wir Sterne klauen
und dir daraus ein Zauberschloss bauen!"

Zum Abschluss der Runde können Sie mit den Kindern noch einen kleinen Vers sprechen:

„Zicke zacke, Hühnerkacke, 1, 2, 3,
wir zaubern dir jetzt das Glück herbei!
Alles Gute für dich, Marie (Namen einsetzen)!"

Praxis-Tipp

Das „Gummibärchenregen-Lied" lässt sich prima auf die Melodie von „Für dich soll's rote Rosen regnen" singen.

„Gummibärchen regnen" sollte besonderen emotionalen Situationen vorbehalten bleiben. Jederzeit einsetzen können Sie es aber bei Geburtstagfeiern. So kommt jedes Kind wenigstens einmal dran. Wenn Sie Kinder haben, die den „Gummibärchen-Regen" oft in Anspruch nehmen wollen, überlegen Sie mit ihnen gemeinsam, was es noch für Möglichkeiten gibt, um sich besser zu fühlen, z. B.:

- das Lieblingsspiel spielen
- mit einem Freund sprechen
- sich bei jemand auf den Schoß setzen
- dem Kuscheltier den Kummer erzählen
- usw.

Daumendrücker

Thema: jemandem das Beste wünschen
Alter: ab 3 Jahre
Gruppengröße: beliebig
Material: keines

So geht's

Setzen Sie sich mit den Kindern in einen Kreis, und erzählen Sie ihnen, dass Sie unbedingt ihre Unterstützung brauchen, beispielsweise weil Sie eine Prüfung haben oder vor einer anderen Herausforderung stehen, bei der Sie Glück brauchen. Fragen Sie dann die Kinder, ob sie auch etwas vor sich haben, für das man ihnen die Daumen drücken muss. Gemeinsam führen Sie dann die folgende Aktion aus:

Sprechen	Begleiten
Achtung! Achtung! Alle Daumen hoch! Alle Daumen rein!	*Alle Kinder halten die Daumen hoch.* *Alle Kinder umfassen die Daumen mit ihren Fingern.*
Und drücken! 1, 2, 3, 4, 5, 6, 7. Wir drücken dir die Daumen, weil wir dich lieben! Wir drücken die Daumen, dass es kracht. Das hat noch jedem Glück gebracht. Viel Glück, Mehmet!	*die Daumen feste drücken* *rhythmisch sprechen* *(Namen einsetzen)*

Du bist nie allein!

Thema: sich selbst helfen können, wenn man alleine ist
Alter: ab 4 Jahre
Gruppengröße: beliebig
Material: keines

So geht's

Wenn Sie in Ihrer Gruppe ein Kind haben, das gerade besonders traurig ist, können Sie ihm die folgende Traumgeschichte erzählen. Achten Sie abschließend auf eine gute Rückholung. Zum Ende der Geschichte nehmen Sie sich am besten zur Unterstützung ein paar andere Kinder dazu.

Lege dich auf den Boden, oder suche dir einen Platz, der dir angenehm ist. Wenn du magst, schließe die Augen.
Stelle dir vor, du bist an einem Platz, den du besonders gerne magst. Das ist vielleicht im Garten oder im Haus oder in deinem kuscheligen Bett.
Stelle dir vor, du bist jetzt dort. Ist es da warm? Oder angenehm kühl? Ist es dunkel oder hell? Riecht es nach etwas, was du gerne riechen magst?

Jetzt denke an jemanden, den du sehr lieb hast.
Du hast bestimmt mehrere Menschen lieb, stelle sie dir vor.
Vielleicht Mama und Papa? Kannst du sie vor dir sehen? Wie sehen sie aus?
Oder vielleicht siehst du lieber deinen Bruder, deine Schwester oder einen Freund oder eine Freundin? Sie alle haben dich lieb! Sie sind deine besten Freunde.
Du bist nie allein! In deinem Herzen hast du sie immer dabei. Du kannst Ihnen sogar zuwinken und Ihnen sagen, dass du sie vermisst.
Wenn du dich gleich von Ihnen verabschiedest, musst du nicht traurig sein, denn sie bleiben bei dir, in deinem Herzen. Egal, wo du hin gehst.
Winke ihnen nun noch einmal zu, und sage dann auf Wiedersehen.

Dann kommst du langsam von dem Platz, den du gerne magst, wieder zurück zu uns, hier in die Kita. Wir haben dich auch lieb und wollen, dass du wieder hier bei uns bist.
Öffne langsam deine Augen, und richte dich auf.
Schau dich um, wir sind hier! *(Trommeln Sie, während Sie den letzten Satz sprechen, zusammen mit anderen Kindern auf den Oberschenkeln, und rufen Sie mit allen Kindern zusammen „Wir sind hier!")* Die Traumreise können Sie auch für die ganze Gruppe einsetzen.

Sag doch mal

War es schwer, an den Platz, den du gerne magst, zu kommen? Konntest du dir deine Liebsten vorstellen?
In was für Situationen hilft es, innerlich jemanden dabei zu haben?

Extra-Tipp für Sie: Helfen – immer – im Rahmen der eigenen Möglichkeiten

„Lean on me, when you're not strong and I'll be your friend, I'll help you carry on …"
Amerikanisches Traditional

„Lean on me", ein amerikanisches Traditional, könnte Ihnen gefallen. „Stütz dich auf mich, wenn du nicht stark bist, und ich werde dein Freund sein. Ich helfe dir, weiter zu machen …"

Sie haben einen Beruf, in dem Sie sowohl Kindern wie auch Eltern jede Menge Hilfestellungen geben. Aber woher bekommen *Sie* Kraft?

Bei aller Liebe zu den Kindern, bei aller Freundlichkeit den Eltern gegenüber, bei allem Engagement – achten Sie auf sich selbst! Bleiben Sie auf der professionellen Ebene des Mitgefühls, nehmen Sie Probleme nicht mit nach Hause. Sicher, es ist sehr schwer zu verkraften, wenn man für ein Kind und seine Zukunft nicht das bewirken kann, was man für notwendig hält. Aber jeder Mensch hat seinen eigenen Lebensweg. Und wenn Sie Biografien lesen, werden Sie feststellen, dass die gelungensten Lebenswege oder die größten Karrieren keineswegs immer auf einer perfekten Kindheit basieren.

Vertrauen Sie auf sich. Sie tun in der Kita, was Sie tun können! Mit Ihrem Wissen, Ihrer Kraft, Ihrem Einfallsreichtum und Ihrer Zuneigung machen Sie es möglich, dass Kinder selbstbewusst, widerstandsfähig und glücklich heranwachsen können. Sie können stolz auf sich sein!

Buch-Tipp

Rampe, Micheline: „Der R-Faktor. Das Geheimnis unserer inneren Stärke". Books on Demand, 2010

Sonderservice:
Der Elternabend zum Thema

*„Man sollte nie vergessen, dass die Gesellschaft
lieber unterhalten als unterrichtet werden sein will."*
Adolph Freiherr von Knigge

Selbstvertrauen – der innere Kompass für's Leben. So helfen Sie Ihrem Kind, seinen Weg zu finden

Dauer: ca. 90 Minuten
Ziel: Die Eltern bekommen praktische Hilfen, wie sie das Selbstvertrauen ihrer Kinder stärken.
Motto: „Wenn es einen Glauben gibt, der Berge versetzen kann, so ist es der Glaube an die eigene Kraft." (Marie Freifrau von Ebner-Eschenbach)

Vorbereitung: Planen Sie einen schönen Abend!

Bevor es losgeht, erstellen Sie eine Übersicht über die Themenangebote des Abends. Das gibt sowohl Ihnen Orientierung als auch den Eltern und gewährt einen kleinen Vorgeschmack auf das, was Ihre Zuhörer erwartet. Mögliche Themenangebote können sein:

- Was bedeutet es, Gefühle ernstzunehmen?
- Wie helfen wir Kindern bei Angst?
- Konstruktiv kritisieren statt nörgeln
- Realistisch loben
- Fehler zulassen

Sie können die Themenangebote beliebig erweitern und auf Ihre Bedürfnisse anpassen.

Wichtig für einen guten Start ist eine fröhliche Grundstimmung. Legen Sie auf jeden Stuhl eine kleine Süßigkeit als Willkommensgruß. Lassen Sie die Kinder ein „Herzlich willkommen in unserem Kindergarten-Schild" malen, das Sie aufhängen. Sie können mit Ihrer Gruppe auch ein Mut-mach-Lied aufnehmen, das Sie am Elternabend vorspielen können. Wie wär's zum Beispiel mit „Starke Kinder" von Rolf Zuckowski?

Für die Warm-up-Übung sollten Sie eine kleine Zitatsammlung vorbereiten und jedes Zitat auf einen Zettel kopieren. Zitate finden Sie im Internet.

Jetzt ist Ihre Vorbereitung, ohne großen Zeitaufwand, schon fast abgeschlossen, und Sie können sich auf die Durchführung freuen.

 Praxis-Tipp

Gestalten Sie den Elternabend so, dass die Eltern sinnliche Erfahrungen machen können – ohne sich wie Kinder benehmen zu müssen! Fragen Sie sich am Ende Ihrer Planung selbst, ob Sie an Ihrer eigenen Veranstaltung teilnehmen würden. Wenn ja, sind Sie perfekt vorbereitet, und es kann losgehen!

 Musik-Tipp

Zuckowski, Rolf. Starke Kinder. Starke Kinder. 1989. Universal

Die Durchführung: Jetzt geht's los!

Die Einstiegsphase

Für die Einstiegsphase sollten Sie etwa 20 Minuten einplanen. Es ist der wichtigste Teil Ihres Auftritts, insbesondere dann, wenn sich die Eltern der Kinder untereinander noch nicht so gut kennen. Als „Gastgeberin" sorgen Sie für eine entspannte Atmosphäre, und mit einer kleinen Warm-up-Übung gelingt es Ihnen sicher, das Eis zu brechen.

Wenn Sie ein Lied vorbereitet haben, können Sie es laufen lassen, während die Eltern ankommen und ihre Plätze einnehmen. Dann begrüßen Sie die Eltern und stellen das Programm für den Abend vor. Als Einstieg können Sie anschließend folgende kleine Übung machen:

Verteilen Sie die Zitate zum Thema, die Sie einzeln auf bunte Blätter kopiert haben, auf dem Boden, und bitten Sie die Eltern, zwischen den Zitaten zu spazieren und sie zu lesen. Dann bitten Sie jeden, bei dem Zitat stehen zu bleiben, das ihn am meisten anspricht, und sich mit seinem Nachbarn darüber zu unterhalten, was ihnen an dem Zitat besonders gut gefällt.

Die Hauptphase

Für die Hauptphase sollten Sie ca. 60 Minuten einplanen. Diese Phase ist das Herzstück Ihrer Präsentation. Vermitteln Sie kurz und knapp die wichtigsten Hintergrundinformationen zum Thema. Dieser **Mini-Input** sollte nicht mehr als zehn Minuten betragen. Er unterstreicht Ihre Fachkompetenz.

So geht's: Mini-Input

Mit Ihrem Mini-Input versuchen Sie, die Antwort auf die Frage zu geben, wie sich Selbstvertrauen entwickelt. Am besten geben Sie Informationen

- anhand eines Praxisbeispiels („Folgenden Fall hat mir eine Lehrerin geschildert …") oder
- unterstützt durch eine Visualisierung („Hier sehen wir, wie viel Prozent der Kinder …") oder
- mit Hinweis auf eine Studie (In seiner Studie belegt der bekannte Gehirnspezialist Manfred Spitzer …).

Danach werden die Eltern selbst aktiv. Ziel ist es, praktische Tipps und Tricks zu erarbeiten um das Selbstvertrauen im Alltag zu stärken.

Bilden Sie Gruppen mit Hilfe eines **Zitate-Puzzles**.

So geht's: Zitate-Puzzle

Schreiben Sie so viele Zitate auf Karten, wie Sie Gruppen haben wollen. Schneiden Sie diese in so viele Puzzleteile, wie Sie Teilnehmer in einer Kleingruppe haben wollen. Die Eltern ziehen jeweils ein Puzzleteil und puzzeln sich damit zu Gruppen zusammen.

Dann bekommt jede Gruppe eine Praxisfrage, die sie mit der „Kopfstand- Methode" bearbeitet. Die **„Kopfstand-Methode"** ist eine lustige Methode, die effektiv ist und Spaß macht. Man entwickelt neue Perspektiven und darf auch mal „Unerlaubtes" denken.

So geht's: Kopfstand-Methode

Die Kleingruppe sammelt auf einem Flipchartbogen, wie die Lösung einer bestimmten Aufgabe auf *keinen* Fall gelingen kann. Nachfolgend finden Sie ein paar Beispielfragen.

1. Gruppe: Bitte sammeln Sie gemeinsam auf dem Flipchart-Bogen Ideen zur Fragestellung: „Was muss ich tun, damit mein Kind auf keinen Fall Selbstvertrauen entwickelt?"
2. Gruppe: Bitte sammeln Sie gemeinsam auf dem Flipchart-Bogen Ideen zur Fragestellung: „Wie muss ich kritisieren, damit mein Kind sich auf jeden Fall als Versager fühlt?"
3. Gruppe: Bitte sammeln Sie gemeinsam auf dem Flipchart-Bogen Ideen zur Fragestellung: „Wie lobe ich mein Kind so, dass es ein völlig unrealistisches Selbstvertrauen aufbaut?"

Geben Sie den Gruppen etwa 20 Minuten Zeit, Ideen zu sammeln. Dann können die Ergebnisse präsentiert werden. Gemeinsam mit den Eltern suchen Sie die positiven Umkehrungen und ergänzen mit pädagogischen Praxis-Tipps. Planen Sie dafür etwa eine halbe Stunde ein, und schließen Sie den Hauptteil mit einer kurzen Zusammenfassung ab.

Die Abschlussphase

Die letzten zehn Minuten dienen der **Vertiefung** des Erarbeiteten für die Umsetzung im Alltag.

So geht's: Vertiefung

Fragen Sie die Eltern, was sie von diesem Abend mitnehmen, was sie in den nächsten Tagen ausprobieren möchten und ob es eventuell noch offene Punkte gibt, die Sie gerne bei einer anderen Gelegenheit wieder aufgreifen. Verabschieden Sie sich herzlich, und geben Sie den Eltern etwas mit, das mit einer Erinnerung an den Abend verknüpft ist (z. B. ein Blatt, mit den gesammelten Zitaten vom Zitate-Spaziergang). Denken Sie daran: Der erste Eindruck ist entscheidend, der letzte Eindruck bleibt.

Praxis-Tipp

Nicht vergessen: eine Flasche Sekt in den Kühlschrank legen, um nach dem gelungenen Elternabend im Team fröhlich miteinander anzustoßen.

Buch-Tipp

Lindner, Ulrike: „Elternabend in Kita und Krippe mal anders!: Einfach vorbereiten – professionell durchführen – lebendig gestalten". Verlag an der Ruhr, 2010

Die letzte Seite

Herzlichen Dank –

allen Erzieherinnen und Leiterinnen, bei denen ich im Kindergarten recherchieren und ausprobieren durfte.

Herzlichen Dank auch meinen Seminarteilnehmerinnen für Anregungen, interessante Praxisfälle und das Vertrauen, das Sie mir immer wieder entgegen bringen.

„Ich würde nie ein Buch lesen, wenn ich die Gelegenheit hätte, mich eine halbe Stunde mit dem Mann zu unterhalten, der es geschrieben hat." Das hat Thomas Woodrow Wilson (amerikanischer Präsident, 1913–1921) gesagt.

Bei mir ist es umgekehrt. Ich hätte nie ein Buch geschrieben, wenn ich die Gelegenheit hätte, mit Ihnen allen „live" Erfahrungen, Tipps und Tricks zum Thema auszutauschen.

Wenn Sie mich suchen, hier finden Sie mich:
www.bettina-theissen.de
btheissen@t-online.de

Medientipps

Asgodom, Sabine:
**Eigenlob stimmt.
Erfolg durch Selbst-PR.**
Econ, 2003.
ISBN: 978-3-4301-1086-0

Berckhan, Barbara:
So bin ich unverwundbar.
Sechs Strategien, souverän mit Ärger und Kritik umzugehen.
Heyne Verlag, 2004.
ISBN: 978-3-4538-7435-0

Delfos, Martine F.; Kiefer, Verena:
„Sag mir mal ..."
Gesprächsführung mit Kindern.
Beltz, 2011.
ISBN: 978-3-4072-2128-5

Dinkmeyer, James S.; Dinkmeyer Jr., Don; Dinkmeyer Sr., Don; McKay, Gary D:
Step – Das Buch für Erzieher/innen: Kinder wertschätzend und kompetent erziehen.
Cornelsen Verlag Scriptor, 2010.
ISBN: 978-3-5892-4705-9

Katz, Lawrence C.:
Neurobics – Fit im Kopf.
83 Übungen zur Leistungssteigerung des Gehirns.
Goldmann, 2001.
ISBN: 978-3-4421-6309-0

Liebertz, Charmaine:
Das Schatzbuch der Herzensbildung.
Grundlagen, Methoden und Spiele zur emotionalen Intelligenz.
Don Bosco, 2004.
ISBN: 978-3-7698-1446-0

Lindner, Ulrike:
Elternabend in Kita und Krippe mal anders!
Einfach vorbereiten – professionell durchführen – lebendig gestalten.
Verlag an der Ruhr, 2010.
ISBN: 978-3-8346-0724-9

Rampe, Micheline:
Der R-Faktor. Das Geheimnis unserer inneren Stärke.
Books on Demand, 2010.
ISBN: 978-3-8391-5069-6

Schütz, Astrid:
Je selbstsicherer, desto besser?
Licht und Schatten positiver Selbstbewertung.
Beltz Psychologie Verlags Union, 2005.
ISBN: 978-3-6212-7532-3

Sprenger, Reinhard K.:
Das Prinzip Selbstverantwortung: Wege zur Motivation.
Campus Verlag, 2002.
ISBN: 978-3-5933-6923-5

Verlag an der Ruhr

Postfach 10 22 51
45422 Mülheim an der Ruhr

Telefon 030/89 785 235
Fax 030/89 785 578

bestellungen@cornelsen-schulverlage.de
www.verlagruhr.de

Es gelten die Preise auf unserer Internetseite.

■ **Zusammenhalten in der Kita**
Starke Spiele, die Vertrauen und Gemeinschaft fördern
Petra Bartoli y Eckert, Ellen Tsalos-Fürter
3–6 J., 112 S., 17 x 24 cm, Paperback
ISBN 978-3-8346-0931-1
Best.-Nr.: 60931
14,95 € (D)/ 15,40 € (A)/24,50 CHF

■ **Weg mit der Wut!**
101 Spiele zur Konflikt- und Gefühlsbewältigung
Petra Bartoli y Eckert,
Ellen Tsalos-Fürter
3–6 J., 112 S., 16 x 23 cm, Paperback
ISBN 978-3-8346-0830-7
Best.-Nr.: 60830
15,95 € (D)/16,40 € (A)/25,70 CHF

■ **Geschichten vom Dazugehören**
5-Minuten-Mitmach-Geschichten für Kita-Kinder
Petra Bartoli y Eckert,
Ellen Tsalos-Fürter
3–6 J., 104 S., 17 x 24 cm, Paperback
ISBN 978-3-8346-0923-6
Best.-Nr.: 60923
12,95 € (D)/ 13,40 € (A)/21,20 CHF

■ **Geschichten vom Wütendsein**
5-Minuten-Mitmach-Geschichten für Kita-Kinder
Petra Bartoli y Eckert,
Ellen Tsalos-Fürter
3–6 J., 104 S., 17 x 24 cm, Paperback
ISBN 978-3-8346-0824-6
Best.-Nr.: 60923
12,95 € (D)/ 13,40 € (A)/21,20 CHF

Keiner darf zurückbleiben